공격적 아동을 위한

# 학교 폭력 치유 프로그램

공격적 아동을 위한

# 학교 폭력 치유 프로그램

김붕년, 구훈정, 최상철 지음

Σ 시그마프레스

피해 아동용

공격적 아동을 위한 **학교 폭력 치유** 프로그램

---

발행일  2015년 8월 27일 1쇄 발행

지은이  김붕년, 구훈정, 최상철
발행인  강학경
발행처  ㈜ **시그마프레스**
디자인  이상화
편집  문수진

등록번호  제10-2642호
주소  서울특별시 영등포구 양평로 22길 21 선유도코오롱디지털타워 A401~403호
전자우편  sigma@spress.co.kr
홈페이지  http://www.sigmapress.co.kr
전화  (02)323-4845, (02)2062-5184~8
팩스  (02)323-4197

ISBN  978-89-6866-513-4

이 도서의 국립중앙도서관 출판시도서목록(CIP)은 서지정보유통지원시스템 홈페이지
(http://seoji.nl.go.kr)와 국가자료공동목록시스템(http://www.nl.go.kr/kolisnet)에서 이용
하실 수 있습니다.(CIP제어번호 : CIP2015022473)

# 차례

학교 생활과 우리 아이들의 행복은 많은 연관관계를 갖고 있다. 우리 아이들은 학교 안에서 하루 생활의 반 이상을 보낸다. 해가 뜨고 잠자리에서 일어나 집에서 아침식사를 마치고 나면, 가방을 메고 학교로 간다. 그리고 급우들과 담임선생님을 만나면서 하루를 시작하게 된다. 우리 아이들은 학교에서 성장하고, 협동과 경쟁을 배우고, 사랑과 우정을 느끼고, 갈등하고, 그것을 해결하는 건설적인 방법들을 익힌다. 내가 아무리 잘났어도 친구의 도움 없이는 안 된다는 것을 느끼고, 내 욕심을 줄이고 공동의 목표를 위해 자신의 일부를 희생하는 법을 배우며 건강한 사회생활의 기초를 닦는다.

학교는 안전감 속에서 욕구를 조절할 수 있는 규칙과 규율을 배운다는 점에서는 가정에서의 훈육과 같은 역할을 해야 한다. 동시에, 능력과 욕구가 다양한 아이들이 뒤섞여 어울리면서 관계 속에서 서로를 배워 가는 사회성의 가장 중요한 토대를 확립하는 곳이다. 부모와의 애착을 통해 사랑의 기쁨과 따뜻함을 배운다면, 학교에서의 또래관계를 통해 동료애와 우정의 토대를 마련하는 것이다. 그러므로 학교는 아이들의 행복에 주요한 원천(resource)이 된다.

학교를 우리 아이들에게 스트레스의 원천이 아닌 행복의 원천으로 만들어가도록 도와주자. 학교 속 작은 사회를 통해 바른 인성을 가지고 성장한 아이들이, 더 큰 학교인 진짜 사회 속에서 자기의 꿈과 희망을 많은 사람들과 더불어 만들어가도록 도와주자. 나는 꿈꾼다. 우리 아이들에게 학교가 평생 마음속에 품고 사는 희망, 사랑, 그리고 꿈의 원천이 되기를.

학교를 그렇게 만들기 위해서는 아이들의 건강한 발달에 해악을 끼치는 부정적 요인들을 줄여 나가야 한다. 그 첫 단추가 폭력 감소이다. 폭력을 없앨 수는 없다. 우리 인간이 어른이건 아이건 부정적 감정을 표현하는 주요한 수단이므로 폭력을 뿌리 뽑아 없앨 수는 없다. 그러나 폭력이 문제 해결의 가장 쉬운 방법이라고 배우게 되면 매우 위험하다. 폭력을 쉬운 선택으로 만들게 두어서는 안 된다.

많은 경우 폭력의 이면을 들여다보면 아이들을 이해하고 도울 수 있는 열쇠가 숨겨져 있다. 아이들이 폭력적이 되는 이면에는 좌절이 도사리고 있다. 자신의 욕구가 무시되고 꺾였다고 느끼면, 더 이상 자신이 존중받고 있지 않다고 느끼면, 아이들은 좌절하고 자포자기하여 폭력을 행사하기 시작한다. 아이들은 스스로를 좋아하게 되고 발전에 대한 희망을 품고 살기를 원하지만, 어떤 이유에서건 그 희망이 사라졌다고 느끼게 되면 폭력적으로 변한다. 사실 이건 아이들만 그런 것은 아니다.

그러므로 폭력을 줄이는 근본적인 해결책은 무시된 아이들의 희망과 무너져버린 자존감을 회복시키는 것이다. 즉 아이들의 욕구와 능력을 존중하고 그 순수한 꿈을 키워주는 교실을 만들어가는 것이다.

아이들의 희망과 자존감을 돕는 주요한 접근법이 공감 증진이다. 마음속에 일어나는 감정과 불만을 이해해주는 친구와 어른의 존재를 느낄 때, 폭력 행동과 말은 상호 토론과 협동적 활동으로 전환될 수 있다. 공감력 속에 폭력 해결의 열쇠가 있는 것이다. 어릴 때부터 성장해 나가면서, 그리고 학교-가정-사회 속에 살아가면서, 모든 이들이 삶 속에서 비록 고통 받고 어려움에 봉착하더라도 그것을 극복하고 성공하고 행복을 느끼게 되는 것, 자신만의 고유한 에너지와 힘을 유지할 수 있게 하는 그 마음의 저변에는 사람들 사이의 연민과 동정, 사랑과 배려, 그리고 서로에 대한 동병상련의 마음이 깔려 있다.

바로 그 마음이 공감력이다. 우리 아이들이 그 공감과 연민의 마음을 키울 수 있도록 돕는 학교를 만들어가자.

우리가 받았던 교육이 경쟁 중심, 그것도 정말 사소한 경쟁들(수학 성적, 한문 성적, 턱걸이 개수, 줄넘기 숫자 등)로 이루어져 있지만, 사실 그 안에는 이상과 철학이 있었다. 사람과 함께 더 따뜻한 세상을 만들어가자는 그 마음 말이다. 삶의 긴 노정에서 만나는 사람들을 따뜻하게 안아줄 그런 마음 말이다.

우리 시대에서 진정한 영웅은 공감력이 잘 발달된 사람들이다. 자신과 남을 다르지 않게 느끼는 상태를 성취하려 노력하고, 마음을 투명하게 만들려고 노력하는 사람들이다.

학교 폭력에 가로막혀 아이들의 마음 성장판이 닫히기 전에 함께 노력하자.

2015년 대학로 연구실에서
김붕년

들어가는
글

**학교** 는 단순히 각 개인이 필요한 지식을 습득하는 곳 이상의 의미를 지니는 독립적인 사회적 구조로서 각 개인에게 중요한 심리적인 의미를 지니게 된다. 그 안에서는 지식의 습득 이외에도 동료들과의 관계 형성 및 또래집단 형성 경험을 통한 본격적인 사회화 과정이 시작되며, 학업성적에 따른 열등의식과 우월의식이 발달하고 자의식이 발생하게 된다. 또한 선생님이라는 새로운 양육자와의 관계가 형성될 뿐만 아니라 선후배 간의 위계적 교우관계 및 이성과의 관계도 이루어지게 된다(권석만, 1997). 더욱이 이 시기에는 새로운 인간관계뿐만 아니라 Erickson(1950)이 지적하였듯이 이 사회의 구성원으로서 넓은 문화의 유용한 기술과 도구를 학습하게 되며, 새로운 사회적 갈등과 요구 속에서 새로운 자아정체감을 확립하게 되는 심리적인 의미를 가지게 된다.

이 시기의 발달과업을 해결하는 것은 단순히 소아-청소년기의 문제에 그치는 것이 아니라 이후 성인으로서의 인성에 중요한 영향을 미치게 된다. 하지만 현재 국내의 학교 상황이 위와 같은 발달과업을 효과적으로 수행할 수 있거나 혹은 건강하고 활기 있는 대인관계를 형성하는 데 적절한지에 대해서는 쉽게 대답할 수 없는 상태이다. 최근 학교 폭력이 심각한 사회문제로 대두되고 있으며, 각종 언론 등에 발표된 조사 결과에서도 학교 폭력이 감소하거나 개선되기 보다는 오히려 저연령화, 집단화, 난폭화되어 가면서 더욱 심화되고 있음을 알 수 있다. 이러한 상황에서 현재 나타나고 있는 문제들을 막연한 긍정적인 시각과 일시적인 대책들만을 가지고 대처하면서 우리의 아동 및 청소년들이 적절한 발달과업 및 심리적인 성숙을 이룰 것이라 기대 하는 것은 비현실적일 것이다. 따라서 학교 폭력의 문제는 단순히 사회적인 폭력 이상의 의미를 가진 것으로서, 다음 세대를 책임질 사회의 기본적인 인적자원에 대한 투자와 교육의 일환으로 생각하고 대응해야 할 것이다.

학교 폭력 문제는 주로 청소년기 이후에 발생한다는 사회적 인식이 팽배하였으나, 최근 5년 사이에 실시된 교내 실제 상황에 대한 초·중·고등학교의 설문조사 및 면접조사 결과를 보면 놀랍게도 초등학교에서의 폭력 발생 비율이 중·고등학교보다 높으며, 그 정도가 날로 심각해지고 있음을 보여주고 있다. 이에 구체적인 초등학생용 프로그램의 구성이 절실하게 필요하게 되었으며 서울대학교병원 및 의과대학 소아정신과 연구팀은 초등학생 가해 및 피해 아동을 위해 이 프로그램을 개발·보급하게 되었다. 이 프로그램의 구체적인 내용에 들어가기 전에 그 배경이 되는 내용에 대해서 기술하고자 한다.

## 1. 초등학교 학교 폭력의 발생 현황

2011년 12월 발생한 대구 중학생 자살 사건은 학교 폭력의 심각성을 극명하게 알려주는 사례이다. 이 사건을 계기로 학교 폭력 문제는 사회의 경종을 울리게 되었고, 이후 교육과학기술부에서는 지난 1~2월에 걸쳐 초·중·고등학교의 학교 폭력 실태 전수조사를 실시하였고, 그 중간 결과가 지난 3월에 발표되었다. 조사 결과 초등학교의 학교 폭력 피해 응답률은 15.2%로 중학교와 고등학교에 비해 가장 높은 것으로 조사되었다(표 1 참조).

[표 1]  학교급별 학교 폭력 피해 응답률(교사용 자료 인용, 2015)

| 구분 | 학생 수 | 피해 응답 수 | 피해 응답률(%) |
|---|---|---|---|
| 총계 | 1,396,556 | 171,637 | 12.3 |
| 초등학교 | 607,552 | 92,212 | 15.2 |
| 중학교 | 422,494 | 55,568 | 13.4 |
| 고등학교 | 342,443 | 19,697 | 5.7 |

출처 : 교육과학기술부·한국교육개발원(2012). '2012년 학교폭력 실태 전수조사 중간발표' 보도자료.

[표 2]  학교급별 피해 유형

| 구분 | 말로 하는 협박이나 욕설 | 인터넷 채팅, 이메일, 휴대 전화로 하는 욕설과 비방 | 집단 따돌림 | 돈, 또는 물건을 빼앗김 | 손, 발 또는 도구로 맞거나 특정한 장소 안에 갇힘 | 강제 심부름과 같은 괴롭힘 | 성적인 부끄러움을 갖게 하는 말과 행동 또는 강제로 몸을 만지는 행위 |
|---|---|---|---|---|---|---|---|
| 초등학교 | 40.0 | 15.4 | 14.7 | 10.3 | 10.4 | 5.1 | 4.1 |
| 중학교 | 34.8 | 11.0 | 11.5 | 17.5 | 10.7 | 8.8 | 5.7 |
| 고등학교 | 37.5 | 11.7 | 11.1 | 10.7 | 10.1 | 10.0 | 8.9 |
| 모름/무응답 | 33.8 | 11.8 | 13.2 | 13.9 | 11.2 | 9.2 | 6.9 |
| 평균 | 37.9 | 13.3 | 13.3 | 12.8 | 10.4 | 7.1 | 5.2 |

출처 : 교육과학기술부·한국교육개발원(2012). '2012년 학교폭력 실태 전수조사 중간발표' 보도자료.
참고 : 복수응답 가능.

초등학생의 학교 폭력 피해 유형을 살펴보면, 말로 하는 협박과 욕설 및 인터넷, 휴대전화를 이용한 욕설과 비방 등 언어 폭력(55.4%)과 집단 따돌림(14.7%)이 전체 응답 유형 가운데 65.4%를 차지하고 있음을 알 수 있다(표 2 참조). 즉, 즉흥적이고 반응적으로 폭력에 가담하기보다 놀림이나 집단 따돌림과 같이 의도적이면서 동시에 간접적인 방식으로 학교 폭력이 이루어지고 있는 것이다. 따라서 언어적 폭력과 집단 따돌림에 대한 보다 적극적인 대응이 필요한 것으로 나타났다(교육과학기술부·한국교육개발원, 2012).

## 2. 초등학교 학교 폭력 특성

최근 학교 폭력은 집단화·일상화되고 있으며, 은밀한 방법으로 진행되고 있다. 학교 폭력은 2명 이상의 가해자에 의해 피해를 당하는 경우가 많으며, 이러한 집단화 경향은 여학생이 86.2%로 남학생의 62.9%보다 높은 것으로 나타났다(청소년폭력예방재단, 2010). 또한 교육과학기술부의 2012년 학교 폭력 실태 전수조사 중간발표에 의하면, 초등학생은 폭력과 장난을 구별하지 못하여 기절놀이, 수술놀이, 노예놀이 등과 같이 일종의 놀이로 또래를 괴롭히는 것으로 나타났다(교육과학기술부, 2012).

더구나 이러한 학교 폭력은 담임교사가 부재한 상황에서 은밀하게 행해지는 경우가 많다. 직접적인 가해 행동은 피해의 정도가 외부에 쉽게 노출되지만, 지능적으로 행해지는 간접적 가해 행동은 피해의 심각성이 드러나기 쉽지 않다. 연구에 의하면, 일반적으로 남아에게는 직접적으로 폭력을 사용하는 외현적 가해 행동이 두드러지며, 여아에게는 소외, 배제, 거짓 소문내기 등의 관계적 가해 행동이 높은 것으로 알려졌다(심희옥, 2003; 이은정, 2003; 이은주, 2001). 그러나 심희옥(2007)의 종단연구에서는 초등학교 중후반(4~6학년)의 남녀 모두 아동에게서 관계적 공격성이 두드러지는 것으로 나타났다(굿네이버스 예방교육 지침서, 2015).

이 연구를 위하여 검토한 자료들 중에서 가장 구체적으로 집단 따돌림의 피해 유형을 조사한 가우디(1999)의 조사 결과에서 보면, 서울 지역의 52개 중·고등학교 학생들을 대상으로 한 조사에서 소외형 따돌림, 욕이나 협박형 따돌림, 조롱형 따돌림, 장난형 따돌림, 강제형 따돌림 등의 형태를 보이고 있는 것으로 나타났다. 첫째, 소외형 따돌림은 적극적으로 무시를 하거나 혹은 대화나 활동에서 제외하는 것으로서 전체 표본의 19%가 지난 1년간 이 유형의 집단 따돌림을 경험하였다. 둘째, 욕·협박형 따돌림은 상스러운 욕이나 혹은 수치감이나 모욕감을 주는 내용의 언어적인 폭력을 말하는 것으로서 전체 표본의 31%가 경험했다고 보고되었다. 셋째,

조롱형 따돌림은 신체적인 조건이나 혹은 성격 및 집안형편과 관련해 놀리고 조롱하는 유형으로서 전체 표본의 11% 정도가 경험하였다. 넷째, 장난형 따돌림은 심한 장난이나 발로 차기 등과 같은 물리적인 폭력 및 신체적인 가해와 더불어 옷이나 가방 등을 훼손하는 경제적인 피해를 포함하는 것으로서 전체 표본의 약 19% 정도가 경험하였던 것으로 보고되었다. 다섯째는 강제형 따돌림으로서 심부름이나 숙제, 혹은 준비물, 도시락 등을 빼앗기거나 혹은 자신의 의사와는 반하게 만드는 강제적인 행위를 포함하는 것으로서 전체 표본 중 8% 정도가 경험하였던 것으로 보고되었다.

이러한 집단 따돌림의 유형들을 볼 때 언어적 및 신체적인 폭력을 포함하여 상당한 경제적인 손실까지도 초래하는 결과를 보이고 있는 상태로서, 집단 따돌림이라는 것이 단순히 심리적인 위해를 가하는 것 이상의 전반적인 신체 및 심리적 기능을 대상으로 하여 이루어지고 있음을 알 수 있다.

이처럼 초등학교 학교 폭력이 다양한 방법으로 일상화에 기여하는 가장 강력한 요인은 '또래 동조성'이다. 이 시기는 대인관계에서 또래관계가 중요하여 또래에 대한 의존이 높아지기 때문에 또래 동조성이 증가하는 것이다. 즉 이 시기의 발달적 특성인 또래 동조성이 학교 폭력 현상을 유지하거나 강화하는 데 부정적 역할을 하는 것이다.

이와 같은 동조 경향은 발달단계에 따라 다르게 나타난다. 연령이 증가할수록 또래집단의 사회적 압력이 증가하기 때문에, 또래 동조성은 아동 중기부터 청소년기까지 증가하다가 청소년 후기에 줄어든다. 고등학생 때는 자신의 고유한 개성을 찾으려 하므로 또래에 대한 의존 경향은 감소한다고 했다(오경희, 1990에서 재인용). 따라서 초등학교 고학년을 대상으로 하는 학교 폭력 예방 교육에는 집단 따돌림 현상을 가속화하는 또래 동조성에 대한 적극적인 개입이 필요하다. 즉 학급 단위로 접근하여 집단의 압력을 무력화하는 또래 동조성의 보호 요인을 찾는 것이 중요하다.

## 3. 학교 폭력 가해자-피해자의 심리적 특성

또래들로부터 따돌림이나 폭력을 당한 피해자들이 일반적으로 갖고 있는 심리적 특성들을 살펴보면, 자기방어 능력이 떨어지고 유머가 없으며, 자신감과 자존감이 낮고, 비효율적으로 자기주장을 하거나 순종적이고, 자신의 소유물을 쉽게 포기하는 특성을 가지고 있다(Egan & Perry, 1998; Graham et al., 1998; Hodges et al., 1999; Hodges et al., 1997). 이러한 성격적 특성들은 가해자들이 확실한 가해의 보상을 얻을 수 있게 해준다. 즉 울음, 복종 같은 피해자의 행위가 가해 행동을 강화하게 된다. 한편, 일부 도발적인 피해자들은 외면화된 행동장애를 갖고 있는데, 이들의 공격적이거나 파괴적인 행동은 가해자를 흥분시키거나 화나게 하여 폭력 행동을 유발하게 된다(Perry et al., 1988).

따돌림을 포함한 학교 폭력을 좀 더 체계적으로 접근한 외국의 연구 결과들을 참고하면, 많은 연구들이 피해자들의 특성을 밝히려는 시도에 집중되어 있음을 알 수 있다. 이는 동일한 아동이나 청소년들이 상황이 바뀌어도 일관되게 피해자가 되는 경향이 있기 때문이다(Egan & Perry, 1998; Hodges et al., 1999). 집단에서 거부되거나 무시되는 아동들의 특성을 Shaffer(1994)는 다음의 몇 가지로 요약하고 있다. 첫째, 권위주의적이고 강압적으로 자녀들의 행동을 통제하려는 부모를 가진 경우가 있다. 이런 부모의 자녀들은 비협조적이고 공격적이며 파괴적인 행동을 발달시키게 된다고 한다. 둘째, 다른 형제들과 협조하고 타협하는 방법을 경험해본 동생들보다는 맏이가 비 인기아가 될 가능성이 높다는 것이다. 셋째, 역할수용능력이나 성적이 낮은 경우와 같이 인지적 능력이 발달하지 못한 아동들은 또래로부터 거부되거나 무시될 가능성이 높다고 한다. 이와 같은 특성들은 모두 아동 및 청소년들의 부적응적인 행동과 관련이 있기 때문에, 연구자들은 피해자들의 내면화된(internalizing) 그리고 외면화된(externalizing) 행동장애를 피해와 관련된 주요 요인으로 간주하고 있다(김붕년 2002; 김붕년 등 2005). 피해자들의 일부는 불안하거나 우울하고 철회적인 성향이 또래에 비해서 높기 때문에 학교 폭력의 대상이 되기도 하지만, 다른 한편으로 파괴적이거나 공격적이고, 정직하지 못하거나 빈번히 다툼을 유발하는 등의 특성을 보이는 경우도 있다. 피해자 중에서 후자와 같이 외면화된 문제 행동을 보이는 경우는 도발적인 피해자(provocative victim)로 분류되기도 한다(Hodges et al., 1999). 그밖에 이름이 독특하거나, 체형이 빈약하고 비만이어서 또래로부터 거부되는 경우도 있다(Shaffer, 1994).

물론 내면화된 그리고 외면화된 행동장애가 피해를 당한 결과일 가능성도 배제할 수 없다. 이와 같은 행동장애가 원인인지 또는 결과인지를 밝히려는 시도가 있었다(Hodges et al., 1999; Kochenderfer & Ladd, 1996; Schwartz et al., 1993). Schwartz와 동료들(1993)은 6~8세 사이의 흑인 소년 6명으로 구성된 30개의 놀이집단을 구성하고 45분간 지속되는 놀이 과정을 5일 동안 관찰하였다. 이들은 처음에는 서로 모르는 관계였으나, 놀이가 지속되면서 상습적으로 피해를 당하는 아동들이 나타났다. 상습적인 피해자들은 자기주장능력이 떨어지는 아동들로 놀이와 대화를 자발적으로 시작하지 못하고 동료들의 의견에 순종적으로 따르기만 하는 경향을 보였다. 한편, Hodges와 동료들(1999)은 초등학교 아동들을 1년간 종단적으로 연구하여 피해자들의 행동장애는 원인일 수도 있지만 결과일 수도 있음을 밝혀내었다. 내면화된 그리고 외면화된 행동장애가 높은 아동들은 1년 후 동료들로부터 더 많은 놀림과 언어적·신체적 폭력을 당했지만, 동시에 그러한 피해를 당한 아동들은 1년 후의 검사에서 행동장애도 증가하였다. 이상의 결과는 행동적 장애가 학교 폭력의 피해자가 되게 할 뿐 아니라, 피해자가 되면 행동적 장애가 증가하는 순환적인 관계가 있음을 알려준다.

가해 학생 혹은 따돌리는 학생들의 특성에 대한 연구도 이루어져 왔다. 김용태(1997)의 조사 연구에서 보면, 자기 힘을 과시하고 싶은 아이들, 질투심이 많은 아이들, 싸움을 잘하는 아이들인 것으로 나타나고 있으며, 성별에 따라서는 남학생은 싸움을 잘하는 아이들이, 그리고 여학생의 경우에는 질투심이 많은 아이들이 우세하게 나타났다. 특히 Olweus(1987)는 또래를 괴롭히는 아이들의 경우 공감능력의 결핍을 강조하는데, 즉 타인의 결함이나 어려움, 고통에 대해서 무감각한 아이들임을 지적한다. 이러한 Olweus의 지적은 피해 학생은 물론 가해 학생에 대한 정신병리학적 접근의 필요성을 부각시키는 것이라 볼 수 있다.

## 4. 학교 폭력의 영향

### 1) 피해자

학교 폭력 피해자들은 학업성취, 학교부적응, 우울, 불안, 낮은 자아존중감 등 다양한 심리사회적 문제를 경험한다(문혜신, 2001; 2001; 이상주, 2003; 이춘재·곽금주, 2000; Slee, 1995; Woods & Wolke, 2004).

피해 경험은 6개월에서 5년 이상 지속되며, 피해자의 심리적 고통 역시 장기간 지속된다(최미경, 2000; Coie & Dodge, 1983; Olweus, 1993). 심지어 학교 폭력 피해자들은 자살충동을 느끼거나 실제 자살로 이어질 가능성이 높은 것으로 나타났다(청소년폭력예방재단, 2011).

### 2) 가해자

가해자의 경우, 집단 따돌림 가해자는 범죄, 알코올 남용 등 반사회적 행동 문제에 연루될 가능성이 높다(권준모, 1999). Olweus(1995)는 초등학교와 중학교 시기에 집단 따돌림 가해자를 종단 조사한 결과, 이들이 24세가 될 때까지 전과자가 될 확률이 높아진다고 보고하였다. 또한 영국의 13~15세 학생을 대상으로 집단 따돌림 가해자와 음주동기, 음주횟수 및 음주량 등 알코올 관련 문제 행동과 관련이 있는 것으로 나타났다(Topper, et al., 2011). 이처럼 학교 폭력의 영향은 피해자와 가해자 모두 발달상 부정적 결과를 초래한다.

## 5. 이 책의 특성 및 활용법

이 프로그램은 총 14회기로 구성되어 있다. 각 회기 소요 시간은 2시간이므로 프로그램을 마무리하는 데 총 28시간이 소요된다. 저자들은 프로그램을 최대한 모듈화하여 구성하였다. 이 프로그램은 각각의 회기별로 독립적인 주제를 가지고 있어 필요에 따라 조정하여 진행하기에 용이하다. 예를 들어 공감능력에는 큰 문제가 없으나 갈등 대처 능력의 부족으로 인해 폭력적인 행동을 반복하는 아이들 그룹이 있다면, '자기통제 및 문제 해결', '의사소통훈련' 회기를 늘려 배치할 수 있다. 반면 공감능력에 문제가 있는 아이들이라면 해당 회기를 강화할 수 있을 것이다.

마지막으로 이 책이 나오기까지 함께 노력해준 공저자 두 분께도 감사의 말씀을 전하고 싶다. 구훈정 선생님은 출산과 육아로 바쁘신 시간에도 귀중한 시간을 흔쾌히 내주셨고 많은 아이디어를 저술과정에서 공유해주셨다. 최상철 선생님은 개원의로서 활동하시면서도 꾸준히 학교 폭력 가해-피해 아이들의 치유에 관심을 갖고 물심양면으로 지원을 아끼지 않으셨다. 다시 한 번 고개 숙여 두 분께 감사의 말씀을 전한다.

# 피해 아동용
## 프로그램

## 피해 아동용 프로그램의 구성

| 구분 | 차시 | 제목 | 주제 및 목표 |
|---|---|---|---|
| 도입 | 도입 | 안녕하세요! | • 프로그램 참여 목적 및 필요성 인식<br>• 프로그램의 규칙 인식하기 |
| 문제 인식 | 1 | 이것도 폭력! | • 폭력의 개념과 범위 이해하기 |
| 폭력 대처<br>기술 습득 | 2 | 분노 다스리기 Ⅰ | • 부정적 감정 조절의 필요성 인식하기<br>• 부정적 감정을 다스리는 방법 익히기 |
| | 3 | 분노 다스리기 Ⅱ | • 분노를 유발하는 비합리적 사고 찾기 |
| | 4 | 자신감 있게 말해요 | • 주장적인 의사소통 방법 습득하기 |
| | 5 | 친구들이 뭐라 해도 | • 부정적인 자기 인식 개선하기<br>• 자신의 모습 수용하기 |
| | 6 | 도와주세요! | • 나만의 대처 전략 세우기<br>• 도움 요청의 필요성 인식 및 방법 습득하기 |
| 또래 관계<br>기술 습득 | 7 | 친구 사귀기 Ⅰ—<br>다가가기 | • 친구들에게 접근하는 잘못된 방법 수정하기<br>• 개인과 집단에 접근하는 바람직한 방법 습득하기 |
| | 8 | 친구 사귀기 Ⅱ—<br>경청과 대화 | • 공감적 경청 기술 연습하기<br>• 민감한 대화 주제 피하기 |
| 문제 해결<br>기술 습득 | 9 | 지혜로운 문제 해결 | • 일반적인 문제 해결의 원칙 이해하기 |
| | 10 | 지혜롭게 대처하기 Ⅰ | • 부당한 요구 거절하기<br>• 겸손하게 행동하기 그리고 단속자처럼 굴지 않기 |
| | 11 | 지혜롭게 대처하기 Ⅱ | • 부정적 결과 받아들이기<br>• 거절에 대처하기 |
| | 12 | 내가 도와줄게! | • 중재 역할의 개념 이해하기 |
| 종결 | 종결 | 이제 자신 있어요! | • 대처 기술 유지 및 정리<br>• 개인 목표 달성 확인 및 칭찬 나누기 |

도입 회기

# 안녕하세요!

## 목표

- 친구들과 친밀감을 형성한다.
- 프로그램을 통해 얻고자 하는 것, 변화하고자 하는 모습을 알아보고 개인 목표를 정한다.
- 집단 활동에 필요한 규칙을 스스로 생각해본다.

## 준비물

- 활동지 : 내가 누구일까요?
- 활동지 : 규칙과 바람
- 활동지 : 개인 규칙판
- 활동지 : 과거, 현재, 미래의 나
- 활동지 : 서약서
- 활동지 : 스티커판

## 도입

① 학생들과 인사를 나눈다.

"반가워요, 여러분~ 안녕하세요! (인사를 나눈다.) 자, 오늘부터 여러분과 우리는 일주일에 한 번씩 같은 시간에 만나게 될 거예요. 앞으로 총 ○○번을 만나게 될 텐데, ○○번의 만남 동안 서로의 이야기도 듣고 자신의 이야기도 하게 될 거예요."

② 친밀감 형성을 위한 게임을 제안한다.

"우리는 앞으로 ○○달 동안 한 가족처럼 지내게 될 거예요. 서로에게 힘이 되어 지지해주기도 하면서 친하게 지내는 것이 중요해요. 옆에 있는 친구들의 얼굴을 한번 보세요. 아직은 어색하지요. 하지만 시간이 지나면서 익숙해지고 더욱 친해질 거예요. 오늘은 첫 시간이니까 앞으로 같이 지내게 될 친구들의 이름을 외워보는 시간을 가져볼까요? 그냥 외우는 것도 좋지만 게임을 통해서 재미있게 외워볼까요?"

## 내용

### 1. 친밀감 형성하기

🕐 **이름 외우기 게임** : 이 게임은 모든 사람의 이름을 외우고 알리는 것이 목적이다. 다른 사람의 이름을 알고 다른 사람에게 자신의 이름을 알림으로써 집단의 일원이 되었다는 소속감을 가질 수 있다.

① 돌아가면서 자신의 이름을 말하고 간단하게 자기소개를 하도록 한다.

"자, 들어올 때 받은 이름표를 붙여보세요. 다른 친구들이 잘 볼 수 있게 가슴에 붙여주세요. 그리고 자신의 이름을 말하고 간단하게 자기소개도 한번 해보세요."

② 처음에는 이름표를 붙이고 시작하다가 나중에는 이름표를 떼고 게임을 진행하게 될 것이다. 원으로 둘러앉은 뒤에 튀기거나 굴러가지 않는 물건, 이를테면 인형이나 천으로 만든 공을 다른 사람에게 던진다. 단, 던질 때에는 던지는 사람의 이름을 말한 뒤 공을 받을 사람의 이름을 말해야 한다.

③ 계속해서 공을 던지면서 친구들의 이름을 부르도록 한다. 전체 아동의 이름이 다 불릴 수 있을 때까지 게임을 진행한다. 진행자는 끝까지 이름이 불리지 않는 사람이 있을 경우 혹시 집단에서 무시되거나 따돌림을 받는 아동은 아닌지 주의 깊게 살펴보아야 한다.

④ 속도를 높이거나 목소리를 크게 하면 더 재미있다.

🕐 **인간 빙고 게임** : 서로에게 다가가고 서로를 알아갈 수 있는 게임으로 프로그램에 참여한 집단원에 대한 관심과 친밀감을 높여준다.

① 인간 빙고 게임의 취지에 대해서 간단하게 설명한다.

"자, 게임을 해볼게요. 이 게임이 끝나고 나면 앞으로 같이 지내게 될 친구들의 이름뿐만 아니라 특징들에 대해서도 잘 알 수 있게 될 거예요."

② 〈활동지 : 내가 누구일까요?〉를 복사한 뒤 아이들에게 모두 한 장씩 나누어준다. '시작!'이라는 소리와 함께 각 칸에 적힌 특징을 가지고 있는 주인공을 찾아 이름을 밑의 빈칸에 적어간다. 전원이 방 안을 돌아다니면서 주인공을 찾는다. '당신은 ~입니까?'라는 식으로 질문을 하면 질문을 받은 사람은 '예' 혹은 '아니요'라고만 대답한다. 시간은 10분 정도로 제한한다.

③ 정해진 시간 안에 활동지의 칸을 순서대로 가장 많이 채운 사람이 승리하며 스티커를 부여한다.

④ 승리한 사람부터 순서대로 나와서 자신의 종이에 누구의 이름이 가장 많이 적혀 있는지 발표해보도록 한다. 나머지 사람들도 발표해보도록 한다. 게임을 하고 난 뒤 각자 누가 서로 닮은 점이 가장 많은지 찾아보도록 한다.

⑤ 활동지의 몇몇 질문을 뽑아 그 칸에 해당하는 경우 손을 들어보도록 한다. 어떤 칸에는 모두 해당될 수도 있고 한두 사람만 해당될 수도 있다. 어떤 칸에는 참여자의 이름이 모두 적힐 수도 있고 한두 사람만 적힐 수도 있다. 같은 칸에 동시에 적힌 집단원들이 공통점을 가지고 있다는 점을 부각시키면서 자연스럽게 서로에 대한 친밀감을 느낄 수 있도록 한다.

⑥ 친구들과 공통점을 가지고 있다는 것을 알게 된 후 느낌이 어떠한지 이야기를 나누어보면서 서로 친밀감을 느낄 수 있도록 이끌어줄 수 있다.

## 2. 규칙 정하기

① 규칙의 필요성에 대하여 이야기한다.

"우리는 이제 새로운 배에 탄 가족으로 앞으로 여러 가지를 배워나가게 될 거예요. 여기 같이 모인 사람들끼리 서로 잘 지내고 이런 활동을 재미있게 하기 위해서는 서로서로 지켜야 할 것들이 있겠지요."

② 아동들에게 안전하고 서로 도움을 줄 수 있는 환경을 만들기 위해서 필요한 규칙이 무엇이 있을지 규칙을 아동들이 스스로 생각해서 정해보도록 한다.

"여러 사람이 함께 생활하기 위해서는 항상 규칙이 필요하죠. 우리 집단에서 반드시 지켜야 할 규칙에는 어떤 것들이 있을까요?"

③ 아동들을 네 집단으로 나누고 각 집단별로 〈활동지 : 규칙과 바람〉을 나누어준다.

④ 아동들에게 카드에 적힌 질문을 보고 질문에 맞는 적절하고 유용한 규칙을 생각해보도록 한다. 각 집단이 해결해야 할 질문은 다음과 같다.

- 서로 다치지 않고 안전을 유지하기 위해 필요한 규칙은 무엇일까?
- 우리 모두 한 팀이라고 느낄 수 있기 위해 어떤 규칙이 필요할까?
- 집단 활동을 방해하는 행동은 어떤 것일까?
- 과제를 잘하기 위해서 필요한 규칙은 무엇일까?

⑤ 어느 정도 시간이 지나면 집단원 중 대표로 한 사람이 나와 결과를 발표하도록 한다. 다른 집단 원들로부터 평을 듣고 추가로 필요한 사항은 없는지 알아보도록 한다. 이를 이끌어내기 위해 다음의 질문을 활용할 수 있다.

- 누구와 함께 짝이 되어 활동을 같이한다고 할 때 우리는 상대방이 어떻게 해주기를 기대할까?
- 내가 어떤 말을 하면 혹은 어떻게 행동하면 친구들이 참여하고 싶은 마음이 사라지고 발표도 하고 싶지 않아질까?
- 집단 활동을 방해하는 행동은 어떤 것일까?
- 어떤 말이나 행동을 하면 서로 잘 협동할 수 있을까?
- 상대방의 기분을 나쁘게 하거나 규칙을 깰 경우 상황을 바로잡기 위해서는 어떻게 해야 할까?

⑥ 전체 활동을 통하여 각 집단에서 나온 규칙이나 제안들을 다듬어 간단하고 명료한 언어로 대체하여 일곱 가지 정도로 정리하며 이를 칠판에 적어둔다.

"자, 여러분들이 스스로 '이것만은 꼭 지켜야 한다'고 정해준 규칙들이에요. 한번 큰 소리로 읽어볼까요? (아동들이 큰 소리로 함께 읽는다) 잘했어요. 그런데, 선생님이 여기에 한 가지를 더 추가하고 싶어요."

⑦ 아동들이 빠트린 중요한 규칙을 추가하도록 한다. 이를테면 서로에 대한 비밀을 보장하는 것, 지각하지 않는 것, 숙제를 꼭 해오는 것, 다른 친구들을 비난하지 않는 것 등을 포함시켜야 한다. 중요한 규칙을 추가하여 적어둔 뒤 다시 큰 소리로 모두 한 번씩 읽어보도록 한

뒤 〈활동지 : 개인 규칙판〉을 나누어주어 내용을 적어두도록 한다.

⑧ 규칙의 중요성을 다시 한 번 강조한다.

"이 약속들을 잘 지켜야지 서로 이 시간을 재미있게 보낼 수 있을 뿐 아니라 많은 것을 배워 갈 수 있는 의미 있는 시간이 될 거예요. 앞으로 항상 이 약속들을 꼭 지켜주세요."

### 3. 프로그램 참여 동기를 갖고 개인 목표 설정하기

① 아동들이 어떤 목적으로 프로그램에 참여했는지 확인해본다.

"자, 우리가 여기에 이렇게 모인 것은 이름을 외우고 게임을 하기 위해서 온 것은 아니죠? 여기에 우리가 함께 모인 데는 목적이 있어요. 여러분은 이 프로그램에 참여할 때 무엇을 기대하고 왔나요? 여러분은 이곳에 왜 모였나요? 이 프로그램에 참여한 목적이 뭔지 돌아가면서 한 사람씩 발표해볼까요?" (아동들의 대답을 듣는다)

② 앞으로 프로그램에서 다루게 될 내용 및 목표에 대하여 확실히 인식시킨다.

"여러분은 학교에 다니면서 한 번쯤은 '학교 폭력'을 경험하거나 목격한 적이 있을 거예요. 이 시간에는 학교 폭력이 과연 무엇인지, 학교 폭력의 문제는 무엇인지 배워볼 거예요. 그리고 앞으로 학교 폭력 문제가 발생할 때 우리가 어떻게 대처해야 하는지 올바른 대처법에 대해서도 배우게 될 거고요. 그리고 나아가 친구들과 건강하고 사이좋게 지낼 수 있는 법도 배울 수 있어요. 자, 프로그램의 목표를 들으니 어떤가요? 여러분이 이 프로그램에서 도움을 받고 싶은 내용이 있나요?" (아동들의 대답을 듣는다)

③ 각자 자신의 모습을 살펴보면서 이 프로그램을 통해 버리고 싶은 과거의 모습이 있는지, 또한 이 프로그램을 통해 어떤 모습으로 변하고 싶은지 〈활동지 : 과거, 현재, 미래의 나〉를 나누어주고 적어보도록 한다.

"자, 여러분 각자도 이 프로그램을 통해서 변하고 싶은 자신만의 목표가 있을 거예요. 그게 어떤 건지 한번 찾아보는 시간을 가져볼게요. 과거의 모습 중에 버리고 싶은 나의 모습이 있나요? 한번 '과거의 나' 칸에 적어보세요."

④ 미래의 나의 모습에 대해 적을 때는 이 프로그램을 통해 '내가 변화하고 싶은 모습'에 초점을 맞추어 쓰도록 지도한다.

⑤ 자기가 표현한 나에 대해서 나누어보고 이 프로그램이 끝난 이후 자신의 모습이 어떻게 변화될 것 같은지 자신이 원하는 변화된 모습을 각자 돌아가면서 발표하고 박수로 격려한다.

"그렇군요. ○○이는 ＿＿＿＿＿＿＿＿하고 싶다는 목표를 세웠군요. ○○이가 잘할 수 있을 거라고 믿어요. 선생님과 친구들도 ○○이가 자신의 목표를 이룰 수 있도록 도와줄 거예요."

⑥ 〈활동지 : 과거, 현재, 미래의 나〉와 함께 자신만의 기념품도 담아 아동들의 이름이 적힌 박스(타임캡슐)에 넣고 테이프로 봉하거나 열쇠로 잠가놓는다. 이 타임캡슐은 프로그램이 끝난 뒤 열어볼 것이라고 알려준다.

"이 타임캡슐은 프로그램이 끝나는 마지막 회기에 열어볼 거예요. 마지막 회기에는 여러분들이 적어놓은 대로 변화하고 싶은 모습으로 변한 모습을 볼 수 있기를 바라요. 그러려면 우리 모두 열심히 프로그램에 참여해야겠죠?"

⑦ 〈활동지 : 서약서〉를 나누어주고 내용을 함께 읽고 프로그램에 열심히 참여할 것을 다짐한다.

"우리 함께 열심히 해보겠다고 스스로에게 그리고 친구들 앞에서 약속을 해보면 어떨까요?"

## 정리 및 평가

① 각자 질문이 있는지 물어본다.

"자, 오늘 첫 시간이었는데 프로그램을 진행하면서 혹시 궁금한 점 있는 사람 있나요?" (질문을 받는다)

② 소감을 들어본다.

"여러분 모두 아주 열심히 참여해주어서 고맙습니다. 이번 시간이 어땠는지 돌아가면서 한 사람씩 발표해볼까요?"

③ 스티커판과 개인 규칙판을 나누어준 뒤 이의 활용법에 대해서 설명한다. 그리고 원하는 선물을 적어보도록 하고 부모님과 상의하여 아동이 원하는 선물을 받을 수 있도록 한다. 아동들에게는 이러한 보상이 프로그램 참여 동기를 갖는 데 매우 중요한 요소이므로 약속을 반

드시 지켜야 하며 아동들에게도 약속을 반드시 지킬 것임을 확인시켜 준다.

"개인 규칙판을 통해 매 회기가 끝나고 나면 한 회기를 정리하면서 자신의 행동을 스스로 평가하게 될 거예요. 스티커판에는 매 시간마다 주어지는 활동에 열심히 참여하고 규칙을 잘 지키면 각자의 이름에 스티커를 붙여줄 건데, 만약 일정 수의 스티커가 모이면 마지막 시간에 선물을 받을 수 있어요."

④ 각자의 스티커판 위에는 각자 자신이 세운 목표량을 정해두도록 하고, 마지막 회기에 스티커의 목표량을 달성한 아동에게는 시상을 할 것임을 알려준다.

⑤ 각자 이 회기에서 자신의 수행을 스스로 평가해보도록 한다.

## 매 회기 스티커 부여 및 평가 방법

① 개인 규칙판을 나누어주고 선생님과 아동이 각각 자신이 회기 동안 얼마나 규칙을 잘 지켰는지를 체크하도록 한다. 매 회기마다 반복하여 체크하게 된다.

② 개인 '문어 스티커판 혹은 고양이 스티커판'에는 다음의 요건에 충족되는 경우 '스마일 스티커'를 붙일 수 있다.

• 규칙판에 ○표가 10개 이상(16개) 되는 경우―1개(2개) 부여
• 매 회기에 받은 개인 스티커 개수가 1등(2등)인 경우―2개(1개) 부여

## 간식 및 친교의 시간

매 회기가 끝나면 간단한 간식 시간을 가지며 친교의 시간을 갖는다. 이는 프로그램에 대한 참여도와 동기를 높이는 데 중요한 요소가 된다.

내가 누구일까요?

| | | | |
|---|---|---|---|
| 나와 혈액형이 같은 사람 | 나와 같은 방법으로 등교하는 사람 | 내가 갔던 외국 여행지와 같은 곳에 다녀왔던 사람 | 몸무게가 나와 같은 사람 |
| 이름 : | 이름 : | 이름 : | 이름 : |
| 아침에 나와 똑같은 것을 먹고 온 사람 | 나와 좋아하는 운동이 똑같은 사람 | 나와 좋아하는 게임이 똑같은 사람 | 나와 같은 달에 태어난 사람 |
| 이름 : | 이름 : | 이름 : | 이름 : |
| 아이스크림을 좋아하는 사람 | 개를 기르는 사람 | 김치를 싫어하는 사람 | 학교에 버스를 타고 오는 사람 |
| 이름 : | 이름 : | 이름 : | 이름 : |
| 바이올린을 연주할 수 있는 사람 | 여동생이 있는 사람 | 나와 같은 동네에 사는 사람 | 나와 키가 비슷한 사람 |
| 이름 : | 이름 : | 이름 : | 이름 : |

## 규칙과 바람

서로 다치지 않고 안전을 유지하기 위해 어떤 규칙이 필요할까?

우리 모두 한 팀이라고 느끼기 위해 어떤 규칙이 필요할까?

집단 활동을 방해하는 행동은 어떤 행동일까?

과제를 잘하기 위하여 필요한 규칙은 무엇일까?

개인 규칙판

| 번호 | 규칙 내용 | 평가자 | 1회기 | 2회기 | 3회기 | 4회기 | 5회기 | 6회기 |
|---|---|---|---|---|---|---|---|---|
| 1 | | 나 | | | | | | |
| | | 선생님 | | | | | | |
| 2 | | 나 | | | | | | |
| | | 선생님 | | | | | | |
| 3 | | 나 | | | | | | |
| | | 선생님 | | | | | | |
| 4 | | 나 | | | | | | |
| | | 선생님 | | | | | | |
| 5 | | 나 | | | | | | |
| | | 선생님 | | | | | | |
| 6 | | 나 | | | | | | |
| | | 선생님 | | | | | | |
| 7 | | 나 | | | | | | |
| | | 선생님 | | | | | | |
| 8 | | 나 | | | | | | |
| | | 선생님 | | | | | | |

약속 지킴 : ○    보통 : △    노력 필요 : ×

서명 (                    )

**과거, 현재, 미래의 나**

과거의 나

현재의 나(프로그램에 참여하여 변화를 위해 노력하는 나)

미래의 나

# 서약서

＿＿＿＿＿＿＿＿＿＿＿＿＿ 는 사회성 프로그램을 열심히 배우고, 집과 학교에서도 잘 활용하여 열심히 배울 것을 약속합니다.

년　　　월　　　일 ＿＿＿＿＿＿ (인)

＿＿＿＿＿＿ (인)

스티커판

이름 :

# 이것도 폭력!

## 목표

- 학교 폭력 개념을 인식한다.
- 학교 폭력의 성립조건을 이해한다.
- 장난과 폭력을 구분해본다.

## 준비물

- 활동지 : 학교 폭력 성립조건 카드
- 활동지 : 학교 폭력 성립조건 카드판
- 활동지 : 학교 폭력 상황카드
- 활동지 : 학교 폭력 단어카드
- 활동지 : 학교 폭력 단어 분류판
- 활동지 : 단서 찾기
- 활동지 : 오늘은 뭘 배웠나요? (첫 번째 시간)

## 도입

① 지난 한 주간 친구들과 어떻게 지냈는지 한번 이야기해보면서 자연스럽게 학교 폭력에 대한 주제를 연결시킨다.

"지난 한 주간 친구들과 어떻게 지냈나요? 힘든 점은 없었나요? (아동들의 대답을 듣는다) 여러분들이 친구들과 지내면서 힘들었던 점이 많았군요. 선생님이 들어보니 ○○가 ~한 것, ○○가 ~를 당한 것(아동들의 예를 활용한다) 모두 '학교 폭력'이에요. 학교 폭력이라는 말을 들으니 어떤가요? '그런 것도 폭력이었나?' 하고 놀란 친구도 있을 것 같아요."

② 학교 폭력에 대한 개념 인식의 필요성에 대하여 설명하도록 한다.

"그런데, 여러분들은 '학교 폭력'이 구체적으로 무엇인지 알고 있나요? 어떤 행동을 가지고 학교 폭력이라고 하는지 잘 모르는 경우가 많은 것 같은데 여러분들은 잘 알고 있나요? (아동들의 대답을 듣는다) 학교 폭력이 무엇인지 모른다면 '학교 폭력'을 당하는 상황에서도 적절하게 대처하지 못하겠죠. 다음에 그런 상황에 처했을 때 올바르게 대처하기 위해서 우선 '학교 폭력'이 무엇인지 배워보는 것이 중요할 것 같아요."

③ '외톨이 게임'을 진행한다.

"자, 그래서 오늘은 학교 폭력에 대해서 배울 건데, 우리 한번 게임을 하면서 폭력이 어떤 것인지 느껴보면 어떨까요? 간단한 게임을 하면서 이번 시간을 시작해볼까요?"

ㄱ. 가위바위보로 구성원 중 한 사람을 술래로 정한다.

ㄴ. 술래가 아닌 구성원은 동그랗게 둘러선 다음 모두 밖을 향해 돌아선다.

ㄷ. 술래는 원 안에 들어간다.

ㄹ. 게임이 시작되면 구성원 한 사람, 한 사람에게 다가가서 팔을 잡거나 말을 걸면서 그 구성원이 자신과 눈을 맞추도록 노력한다.

ㅁ. 술래가 아닌 구성원들은 술래가 다가오면 얼굴을 높이 쳐들거나 고개를 숙이는 등 눈을 맞추거나 쳐다보지 않는다. 또한 술래가 어떤 행동을 하더라도 몸을 다른 방향으로 돌려버리고, 술래가 말을 걸어와도 대답을 해서는 안 되며, 술래가 손을 잡거나 매달리면 손을 빼거나 뿌리치려고 노력한다.

ㅂ. 만약 술래와 눈을 마주치거나 말대꾸를 하게 되면 그 구성원이 술래가 된다.

④ 게임이 끝난 후 자리를 정리한 뒤 간단하게 느낌을 나누는 시간을 갖는다. 밖에서 원 안으로 들어올 수 없었을 때 기분이 어땠는지 각자 돌아가며 느낌을 나누어보도록 한다.

"친구들이 눈을 마주치지 않을 때 어떤 기분이 들었나요? 방금은 놀이였지만 실제 친구들과의 관계라면 어떨까요? 왠지 모르게 거절당하고 배척되는 느낌이 들진 않았나요?"

⑤ 아동들의 느낌에 대하여 인정해주고 설명한다.

"어느 누구라도 집단에 속하지 못할 때 혹은 친구들로부터 집단으로 거부당할 때 두려움도 느끼고 화도 나고 짜증도 날 거예요. 충분히 그런 느낌을 받을 수 있어요. 친구들 안으로 들어가고 싶은데 다른 사람에 의해 못 들어가게 되면 친구에게 화가 나기도 하고 때로는 내 탓인 것처럼 느껴지기도 할 거예요. 방금 우리가 겪었던 이 상황도 바로 폭력일 수 있어요."

⑥ 이번 회기를 소개한다.

"자, 그러면 오늘은 폭력에 대해서 이야기를 해볼까요?"

## 프로그램 진행

### 1. 학교 폭력에 대한 개념 인식하기

① 다음의 사례를 칠판에 붙여놓거나 아동들에게 각자 나누어준 뒤 읽어준다.

"선생님이 한 친구의 실제 사례를 가지고 나왔어요. 이 친구의 이야기를 들어볼게요."

> 아이들이 함께 운동장에서 놀고 있다. 찬영이는 키가 작고 마른 수현이에 대해서 거짓말을 하기 시작했다. 수현이가 선생님 책상에서 스티커를 훔쳤다고 말이다. 그러고는 수현이에게서는 이상한 냄새가 난다며 '구린내'라고 놀리기 시작했다.
>
> 또, 다음 날 찬영이는 다른 친구들에게 수현이에게 구린내가 나니 말도 하지 말라고 했다. 며칠이 지나 수현이가 운동장에서 아이들과 함께 놀려고 하자 찬영이와 다른 아이들이 저리 가라며 끼워주지 않았다.
>
> 찬영이는 수현이가 화장실에 갈 때도 별명을 부르며 따라다녔다. 머리를 잡아당기기도 하고 몸을 밀치기도 했다. 선생님에게 말하면 영원히 왕따를 만들어버리겠다고 했다. 이제 아무도 수현이와 놀지 않았다. 더 이상 아이들과 운동장에서 뛰어놀 수도 없었다.

② 이야기를 들은 소감을 물어본다.

"이 사례를 읽고 여러분 기분이 어땠나요? 수현이의 기분이 어땠을까요?"

③ 사례 속에서 수현이는 잘못이 없음을 명확하게 인식시켜 주고 수현이는 '학교 폭력'을 당한 것임을 알려준다.

"이 사례에서 수현이의 잘못이 있을까요? (아동들의 대답을 듣는다) 수현이는 여기에서 잘못이 없죠."

④ 사례 속에서 학교 폭력에 해당하는 것이 어떤 것이 있을지 아동들 스스로 찾아보도록 한다.

"찬영이가 수현이에게 한 행동은 '학교 폭력'이에요. 찬영이가 수현이에게 한 행동 중에 어떤 것이 학교 폭력에 해당하는 것일까요?"

⑤ 사례를 하나하나 구체적으로 짚어주며 학교 폭력에 대하여 설명한다.

"네, 맞아요. 잘 찾아주었어요. 먼저, 찬영이가 수현이에게 '구린내'라고 놀린 것이 폭력이에요. 이 행동은 언어적 폭력이에요. 또 찬영이가 수현이가 다른 아이들과 어울리지 못하게 하고 놀이에 끼워주지 않은 것도 폭력입니다. 이 행동은 관계적 폭력이에요. 또한 찬영이는 머리를 잡아당기고 몸을 밀친 것 역시 폭력입니다. 이것은 신체적 폭력이에요. 게다가 찬영이는 선생님에게 말하면 가만두지 않겠다고 위협까지 했어요. 이런 것들이 모두 다 폭력이에요."

⑥ 학교 폭력의 세 가지 유형에 대하여 설명해준다.

"신체적 폭력은 친구의 몸을 건드려서 아프게 하거나 힘들게 하는 행동들을 말해요. 언어적 폭력은 친구의 약점을 가지고 말로 상처를 주는 행동입니다. 관계적 폭력은 친구를 따돌리고 무시하는 행동을 말해요."

⑦ 폭력 상황에서의 방관자의 역할에 대해서도 강조하여 설명한다.

"찬영이뿐만 아니라 폭력을 간접적으로 행사한 사람들이 또 있습니다. 누구일까요? (아동들의 대답을 듣는다) 맞아요. 수현이가 어떤지 생각하지도 않고 찬영이의 말만 믿고 무조건 수현이를 따돌린 친구들도 폭력을 행사한 것과 같아요. 여러분은 '가만히 있는 것'은 폭력이 아니라고 생각할지 모르지만 이것 역시 관계적 폭력에 해당하는 행동이라고 할 수 있어요."

## 2. 학교 폭력이 성립되는 조건을 인식하기

① 학교 폭력의 성립조건에 대하여 인식시킨다.

"우리 주위에서 흔히 일어나는 일들 중에 학교 폭력이 많다는 것을 알게 되었을 거예요.

자, 그러면 조금 더 깊이 학교 폭력에 대해서 알아볼게요. 어떤 경우에 학교 폭력이라고 하는 걸까요?"

② 두 팀으로 나누어 〈활동지 : 학교 폭력 성립조건 카드〉를 나누어준 뒤 학교 폭력이 성립되는 세 가지 조건이 무엇일지 골라보도록 한다.

"자, 여기 여러 가지 조건이 적힌 카드들이 있어요. 이 중에서 학교 폭력이 되는 세 가지 조건을 각 팀별로 찾아보도록 하세요."

③ 아동들이 각자 골라본 조건을 〈활동지 : 학교 폭력 성립조건 카드판〉에 붙여 발표하도록 하고 선택한 이유를 발표해보도록 한다.

④ 아동들이 학교 폭력 성립조건을 맞춘 경우 이의 내용을 정리하여 학교 폭력의 세 가지 성립조건을 설명해준다.

⑤ 찬영이와 수현이의 사례에서 찬영이의 행동은 어떤 점에서 폭력의 세 가지 조건에 해당되는지 찾아보도록 한다.

"찬영이의 행동은 어떤 점에서 폭력의 조건에 해당할까요?" (아동들의 대답을 듣는다)

⑥ 〈학교 폭력의 세 가지 조건〉 제목 밑에 다음과 같이 적는다 ― 고의적으로 친구를 괴롭힌다.

"찬영이가 한 행동이 실수였나요? 아니면 기분을 상하게 한 뒤 미안하다고 사과했나요? 찬영이는 친구가 싫어하는 것을 알면서도 괴롭혔죠. 이게 바로 찬영이의 행동이 나쁜 이유입니다. 친구가 싫어하는 것을 알면서도 고의적으로 괴롭히는 것은 폭력입니다."

⑦ 〈학교 폭력의 세 가지 조건〉 제목 밑에 '여러 번 친구를 괴롭힌다'라고 적고 설명을 한다.

"찬영이가 딱 한 번 수현이를 괴롭혔나요? 찬영이는 한 번만이 아니라 수현이를 계속해서 괴롭혔어요. 이게 바로 찬영이의 행동이 나쁜 이유입니다."

⑧ 마지막으로 다음과 같이 말하며 〈학교 폭력의 세 가지 조건〉 제목 밑에 다시 다음과 같이 적는다 ― 약한 친구를 괴롭힌다.

"친구들 사이에 가끔은 다투기도 하죠. 하지만 키가 크거나 힘이 센 친구가 자기보다 약한 친구를 괴롭히는 것은 폭력입니다. 또 여러 명이 힘을 합쳐 한 친구를 둘러싸고 괴롭히는 것도 폭력입니다. 아주 비겁한 행동이에요."

⑨ 방관자들의 잘못에 대해서도 설명한다.

"이 친구들은 어떤 점에서 잘못됐을까요? 적극적으로 수현이를 괴롭히지는 않았지만 아무 생각 없이 폭력 행동을 방관하고 있는 것도 폭력에 동조한 것입니다."

### 3. 장난과 폭력 구별하기

① 장난과 괴롭힘 행동의 차이에 대해서 생각해볼 수 있도록 한다.

"그렇다면 장난과 괴롭힘은 어떻게 다른지 찾아볼 수 있겠지요? 장난은 친구들 사이에서 흔히 벌어지는 일로, 친한 친구들끼리는 때로는 짓궂은 장난을 하면서 함께 웃고 즐기기도 합니다. 하지만 장난으로 인해서 친구가 기분이 언짢고 화가 나고 위협감을 느끼면 그것은 더 이상 장난이 아니에요. 또한 '그만해'라고 했는데도 계속 장난을 친다면 그때는 더 이상 장난이 아닌 거예요. 그것은 폭력입니다."

② 학교 폭력의 조건에 대해서 다시 한 번 강조한다.

"자, 그러면 정리해볼까요? 장난으로 하는 말이나 행동을 친구가 싫어하는데도 계속해서 되풀이하는 것은 곧 괴롭힘이 되고 폭력이 됩니다. 꼭 기억하세요. 친구가 싫어하는 말이나 행동을 계속해서 강요하는 것은 장난이 아니라 '폭력'입니다."

③ 학교 폭력의 세 가지 조건을 함께 외워보도록 한다.

④ 내가 하는 장난에 친구들이 비슷한 반응을 보인 적이 있었는지 자신의 경험을 들어 이야기를 나누어보도록 한다.

⑤ 그때 친구들이 어떤 반응을 보였는지 말해보도록 한 뒤, 친구가 기분이 상했다는 것을 알 수 있는 단서들을 〈활동지 : 단서 찾기〉를 보면서 알아보도록 한다.

"친구가 기분이 상하기 전에 그런 행동은 하지 않는 것이 중요해요. 하지만 때로는 나도 모르게 한 행동 혹은 장난을 친 것에 대해서 상대방이 다음과 같은 반응을 보일 경우에는 상대방이 기분이 매우 안 좋다는 표시이므로 그 행동을 중지해야 합니다. 다 함께 친구들이 기분 나빠 하는 것을 알 수 있는 단서들에는 어떤 것이 있는지 찾아볼까요?"

### 4. 학교 폭력 구분해보기

① 친구들을 괴롭히는 행동이 포함된 〈활동지 : 학교 폭력 상황카드〉 중 한 사례를 읽어주면서 이것이 무슨 상황인지에 대해 묻고 이 행동이 학교 폭력인지 아닌지를 맞추어보도록 한다.

"자, 이제 오늘 내용을 잘 배웠는지 확인해볼까요? 제가 읽어주는 사례를 잘 듣고 이 사례가 학교 폭력에 해당하는지 한번 생각해볼게요. 그리고 학교 폭력의 세 가지 유형, 즉 신체적 폭력, 언어적 폭력, 관계적 폭력 중 어디에 해당하는지 맞혀보세요."

② 〈활동지 : 학교 폭력 상황카드〉의 나머지 상황을 읽어주고 각 사례를 읽고 세 가지 괴롭힘의 유형 중 하나로 구분해보도록 한 뒤 맞힌 아동에게는 스티커를 부여한다.

③ 모둠을 구성한 뒤 모둠별로 〈활동지 : 학교 폭력 단어카드〉와 〈활동지 : 학교 폭력 단어분류판〉을 나누어주고 진행 방법을 설명한다.

"자, 여기에 단어카드들이 여러 개 있지요. 이 단어카드들 중에서 친구들을 괴롭히고 힘들게 하는 행동을 구분하고 폭력 행동일 경우 세 가지 괴롭힘 행동 중에 어디에 속하는지 생각해보고 해당하는 곳 분류판에 붙여보도록 하세요."

④ 모둠이 다 분류하면 맞힌 것과 틀린 것을 다 함께 살펴보고 틀리게 분류한 경우 적절한 설명을 해주면서 수정해준다.

⑤ 맞힌 개수를 합산해서 많이 맞힌 모둠에게 스티커를 부여한다.

⑥ 폭력 단어카드 중에서 자신이 목격하거나 경험했던 행동은 몇 개나 되는지 세어보도록 하면서 우리 주변에서 너무나 많이 이러한 폭력이 일어나고 있다는 것에 대해서 인식하도록 한다.

## 정리 및 평가

① 이번 회기에서 배운 내용에 대한 질문을 받고 정리한다.

"오늘 배운 내용 중에 질문이 있나요? (아동들의 질문을 받는다.) 오늘은 상대방의 기분을 나쁘게 하고 상하게 하는 행동들, 즉 학교 폭력에는 어떤 것들이 있는지 알아보았지요. 누군가가 나에게 이런 행동을 한다면 자신을 보호하기 위하여 적극적으로 대처해야 하고 나 역시 누군가에게 이런 행동을 하지 않았는지 잘 생각해보고 앞으로는 그런 일이 없도록 해야 할 것입니다."

② 학생들의 소감을 들으며 마무리한다.

③ 다음 시간에 대하여 간단히 소개한다.

이전에 겪었던 일이나 주변에서 일어난 일 혹은 내가 무심코 했던 행동들 중에서 당시에는 몰랐지만 '학교 폭력'에 해당하는 행동이 있었는지 기억나는 대로 적어 오도록 한다. 그리고 그 행동이 어떤 점에서 학교 폭력에 해당하는지 또한 어떤 폭력 유형에 해당하는지 〈활동지 : 오늘은 뭘 배웠나요? (첫 번째 시간)〉에 적어 오도록 한다.

학교 폭력 성립조건 카드

내 장난에 친구가 불쾌해하는 모습을 보고 그만둔다.

일부러 친구를 괴롭힌다.

여러 번 반복해서 친구를 괴롭힌다.

힘이 센 친구에게 '하지 마'라고 하면서 저항한다.

신경질이 나서 충동적으로 친구를 괴롭히고 후회한다.

약한 친구를 괴롭힌다.

친구를 실수로 넘어뜨리고 나서 곧바로 '미안해'라고 이야기한다.

친구가 싫어하는 것을 알고 장난을 그만둔다.

친구와 의견이 맞지 않아 말다툼을 한다.

학교 폭력 성립조건 카드판

01

02

03

## 학교 폭력 상황카드

---

관계적

○○는 우리 반 잘난척쟁이다. 아무래도 버릇을 좀 고쳐줘야겠다.
체육시간에 ○○를 어느 팀에도 끼워주지 않았다.

---

관계적

체육시간이다. 체육을 제일 잘한다고 칭찬받던 나인데,
○○란 친구가 체육을 제일 잘하는 거다. 괜히 질투가 나서 체육시간 이후로
말을 걸어도 모른 체하고 눈도 안 마주치고 있다.

---

관계적

체육시간에 반에서 도난 사건이 터졌다.
분명 체육시간에 빌빌거리는 ○○가 훔쳐간 게 분명하다.
반 아이들에게 ○○가 도둑질을 했다고 다 퍼트렸다.

---

신체적

'야!' 하며 친구를 툭 건드리듯 밀치며 부른다.
반응이 없자 이번에는 머리카락을 잡아당겨 본다.

---

신체적

점심시간이다. 맛있는 반찬이 없어서 실망하던 중 옆 친구의
반찬이 맛있게 보여서 '잠깐 맛 좀 보자'며 반찬통을 통째로 들고
내 자리에 와서 반찬을 다 먹어버렸다.

---

## 학교 폭력 상황카드 (계속)

신체적

시험 시간에 공부를 안 해 왔다.
시험 도중 앞에 앉은 아이의 의자를 툭툭 치며
시험지를 보여달라고 하였다.

언어적

친구가 이틀 동안 머리를 감지 않았는지 머리에서 냄새가 났다.
집에 가면서 다른 친구에게 "야~ ○○ 오늘 머리냄새 나서 죽는 줄 알았어.
○○ 너무 지저분한 거 같아."라고 말했다.

언어적

성이 채 씨인 친구가 있다. 키도 작고 빼빼 말라서
"야! 채소!"라고 놀린다. 내가 생각해도 기가 막힌 별명이다.

언어적

친구가 옆자리에서 수학문제를 풀고 있는데
큰 소리로 "야! 너 틀렸어!"라고 지적한다.

언어적

우리 반에 뚱뚱하고 못생긴 애가 있는데 아이들과 잘 어울리지도
못하는 외톨이다. 미안하긴 하지만 어차피 왕따인 아이니까
'뚱땡이'라고 실컷 놀려먹는다.

## 학교 폭력 단어카드

| | | |
|---|---|---|
| 발로 차기 | 이름 가지고 놀리기 | 째려보기 |
| 옷 더럽히기 | 외모 가지고 놀리기 | 절대 말 안 걸기 |
| 머리 잡아당기기 | 비꼬아 말하기 | 대답 안 하기(씹기) |
| 반찬 빼앗아 먹기 | 부모님 흉보기 | 피하기 |
| 심부름 시키기 | 욕하기 | 비웃기 |
| 꼬집기 | 나쁜 소문 퍼트리기 | 친구와 눈 안 마주치기 |
| 밀치기 | 뒤에서 험담하기 | 친구 보며 얼굴 찡그리기 |
| 발 걸기 | 싫어하는 별명 부르기 | 불러도 모른 체하기 |
| 머리 때리기 | 고함치기 | 친구가 돕는 것 막기 |
| 몽둥이로 때리기 | 가정 형편 놀리기 | 친구 앞에서 귓속말하기 |
| 돈 뺏기 | 위협하는 쪽지 보내기 | 실수하면 낄낄대며 웃기 |
| 준비물 빼앗기 | 성적 가지고 흉보기 | 놀이에 끼워주지 않기 |
| 숙제 시키기 | 협박하는 메일 보내기 | 문자나 전화 무시하기 |
| 주먹으로 때리기 | 내 잘못 뒤집어씌우기 | 이간질하기 |
| 어깨 두드리기 | 짝하기 | 숙제 도와주기 |
| 말 걸기 | 준비물 빌려주기 | 집에 함께 가기 |
| 칭찬해주기 | 간식 나눠먹기 | 놀이에 끼워주기 |

학교 폭력 단어 분류판

신체적 폭력

언어적 폭력

관계적 폭력

비폭력

단서 찾기

얼굴이 붉게 상기되며 화가 난 것

아무 말 하지 않고 굳은 표정을 짓고
있는 것

내 장난에 같이 장난을 치지 않고
무시하는 것

내 장난에 시무룩해져서 어깨가
축 처져 있고 기운 없어 보이는 것

첫 번째 시간

# 오늘은 뭘 배웠나요?

이번 시간에는 학교 폭력이 무엇인지 배웠습니다. 이전에 겪었던 일이나 주변에서 일어난 일 혹은 내가 무심코 했던 행동들 중에서 당시에는 몰랐지만 '학교 폭력'에 해당하는 행동이 있었는지 기억나는 대로 적어보세요. 그리고 그 행동이 어떤 점에서 학교 폭력에 해당하는지 또한 어떤 폭력 유형에 해당하는지 적어보세요.

| 번호 | 언제, 어디 | 상황 | |
|------|-----------|------|---|
| 1 | | | 학교 폭력이 되는 이유는 무엇인가?<br>(                 )<br>        폭력 유형<br>(                 ) |
| 2 | | | 학교 폭력이 되는 이유는 무엇인가?<br>(                 )<br>        폭력 유형<br>(                 ) |
| 3 | | | 학교 폭력이 되는 이유는 무엇인가?<br>(                 )<br>        폭력 유형<br>(                 ) |
| 4 | | | 학교 폭력이 되는 이유는 무엇인가?<br>(                 )<br>        폭력 유형<br>(                 ) |

다음 시간에 자신이 경험한 것을 발표해봅시다.
과제를 적어 오고 발표를 하면 스티커를 2배로 줍니다. 파이팅~!!

## 2회기

# 분노 다스리기 I

### 목표

- 부정적 감정을 느꼈을 때의 자신을 인식한다.
- 분노 조절의 필요성을 인식한다.
- 부정적 감정을 해소할 수 있는 방법을 모색하고 이를 적절히 다루는 기술을 연습한다.

### 준비물

- 활동지 : 감정 온도계
- 활동지 : 분노 대처 방법 나무 만들기
- 활동지 : 잠깐맨 되기
- 활동지 : 〈이웃집 토토로〉
- 활동지 : 몬스터훈련
- 활동지 : 오늘은 뭘 배웠나요? (두 번째 시간)

## 도입

① 〈주무르기〉 게임을 실시한다.

"자, 우리 이렇게 같이 모였으니 간단하게 게임 하나 하고 시작할까요?"

ㄱ. 동그랗게 혹은 한쪽 방향으로 앉아서 자기 앞사람의 어깨를 주무르게 한다.

ㄴ. 등을 주무르는데 단계를 넣어서 주무른다. 10부터 100까지 있는데 숫자가 커질수록 강도가 세진다. 10, 20, 70, 100 식으로 숫자를 불러준다.

ㄷ. 방향을 바꾸어 앉게 한 다음 다시 실시한다.

② 지난주에 해 왔던 숙제를 돌아가면서 발표하면서 지난 시간을 간단하게 복습한다.

③ 이번 시간 내용에 대한 오리엔테이션을 갖는다.

"지난 시간에 해 온 여러분들 숙제를 보니까 여러분이 주변 친구들로부터 따돌림을 당하기도 하고 놀림을 당하는 '학교 폭력'에 많이 노출되어 있다는 것을 알 수 있었어요. 여러분은 그런 상황에서 어떤 감정을 느끼나요? (아동들의 대답을 듣는다) 그래요. 우리는 화를 내는 것은 나쁘다고 생각하지만 그렇지 않아요. 이런 상황에서 화가 나는 것은 너무나 당연하고 정당한 거예요. 다만, 이것을 어떻게 표출하는지는 다른 문제가 되겠지요. 주변에서 화를 참지 않고 그대로 표출하는 사람을 본 적이 있나요? (아동들의 대답을 듣는다) 같이 있고 싶지 않고 피하고 싶죠. 왜 화를 내는지 이해도 쉽게 가지 않았을 거예요. 같이 더 화가 나기도 했었겠고요. 그래서 화를 잘 표현하는 것이 너무나 중요해요."

④ 이번 시간 내용을 시작한다.

"이번 시간에는 아주 중요한 것을 배우게 됩니다. 바로 학교 폭력에 대처하는 첫 번째 방법으로 분노를 다스리는 법을 배워보겠어요."

## 내용

### 1. 감정 조절의 필요성 인식하기

① 감정 온도계에 대하여 소개한다.

"우리가 정말 화날 때 '열 받는다'는 말을 하지요. 왜 그럴까요? 우리 감정도 온도계처럼 올라갔다 내려갔다 한다는 점에서 비슷한 점이 있지요. 즉 우리 감정에도 온도계가 있답니다."

② 〈활동지 : 감정 온도계〉를 앞에 붙여 놓고 각 온도에 적절한 감정들을 구분해보도록 한다.

"감정 온도계는 0도에서 100도로 되어 있어요. 우리가 화가 나지 않고 편안한 상태는 0도예요. 그리고 너무나도 화가 나서 물건을 던지고 누군가를 때리고 싶어지는 상태로 참을 수 없어 폭발해버리는 상태는 100도가 되겠지요. 자, 그렇다면 50도, 25도, 75도는 어떤 상태일까요?"

③ 지난 시간에 숙제로 적어 온 각자 겪었던 학교 폭력 상황과 그 상황에서 느꼈던 감정을 적

어보도록 한다.

"그러면, 여러분이 숙제로 가져온 것을 가지고 그 상황에서 자신의 감정은 몇 도 정도였는지 한번 적어볼까요?

④ 각자 적은 것 중에서 100도에 해당하는 것이 있었는지 발표해보도록 한다. 그리고 아동들이 화가 날 수 있었던 상황이라는 것을 충분히 공감해준다.

"100도까지 화가 났을 때가 언제였나요? (아동들의 대답을 듣는다) 그래요. 정말 ○○와 같은 상황이라면 화가 날 수 있었을 것 같아요."

⑤ 각자 100도에 해당하는 상황이 어떤 것인지, 그 당시에 어떻게 행동했는지 알아보고 그 결과가 어떠했는지에 대해서도 발표해보도록 한다.

"그럴 때 여러분은 어떻게 행동했나요?"

〈주의〉 나올 수 있는 대답의 예는 다음과 같으나 다음과 같은 대답을 자발적으로 이끌어내지 못할 경우 다음의 예를 예시로 제시하여 이러한 경우가 있다면 손을 들어보도록 한다.

> 화가 폭발하여 소리를 지르게 된다.
> 주먹을 꼭 쥐게 된다.
> 머리에서 김이 나는 것 같다.
> 울음이 나올 것 같다.
> 머리에 아무 생각도 안 떠오른다.
> 모두가 보기 싫고 밉다는 생각이 든다.
> 물건을 던지고 싶어진다.
> 누군가를 때리고 싶어진다.
> 내가 바보 같기만 해서 아무것도 할 의욕이 생기지 않는다.
> 친구들을 피하고 싶어진다.

⑥ 분노 조절에 대한 잘못된 대처 방법을 크게 두 가지(무조건 참는다/있는 그대로 폭발시킨다)로 나누어 그에 대한 결과를 예측해보도록 한다. 실제 분노를 참지 못하고 폭발시킨 이후

에 어떤 결과가 있었는지 각자의 사례를 발표해보도록 한다.

"그 결과는 어떻게 되었나요? 화가 100도가 되었을 때 무조건 참았다는 친구도 있고, 있는 그대로 폭발했다는 친구도 있네요. 무조건 참으면 어떨까요? (아동들의 대답을 듣는다) 참았던 화가 풀리지 않고 결국 나중에 화가 폭발하기도 하고, 괜히 엉뚱한 사람에게 짜증을 내기도 하게 될 것 같아요. 또 그냥 있는 그대로 폭발했을 때는 어떨까요? (아동들의 대답을 듣는다) 무엇보다 내 기분은 어떻게 되었나요? 화를 폭발시키고 나면 내 기분이 좋아지던가요? (아동들의 대답을 듣는다) 순간적으로는 후련한 기분이 들 수도 있겠지만 상대방과의 관계는 어떻게 되었나요? (아동들의 대답을 듣는다) 상대방의 기분이 언짢아지고 껄끄러워지고 갈등이 커지기도 하겠죠."

⑦ 감정을 조절하는 것이 왜 필요한지에 대해 인식시킨다.

"자, 무조건 참거나 감정을 폭발시키는 두 가지 경우 모두 내가 왜 화가 났는지 전달할 수 있었나요? (아동들의 대답을 듣는다) 만약 화가 100도까지 나 있을 때 내 생각을 전달하면 어떨까요? 화라는 감정 때문에 흥분을 해서 제대로 전달할 수 없겠지요. 따라서 화를 어느 정도 가라앉혔을 때 내 생각을 전달하는 것이 가장 효과적일 거예요. 우리 마음을 상대방에게 표현하고 우리가 원하는 바를 전달하기 위해서는 화를 가라앉혀야 해요. 우리 마음을 가장 잘 표현할 수 있는 온도는 몇 도일까요? 50도 정도면 괜찮을까요?"

## 2. 부정적 감정 다루는 방법 익히기 (1)

① 부정적인 감정들을 조절할 수 있는 방법들을 소개한다.

"그러면 우리 감정 온도계의 온도를 50도로 낮출 수 있는 방법에는 어떤 것이 있을까요?"

② 각자 자기만의 방법을 돌아가면서 발표해보도록 한다. 〈활동지 : 분노 대처 방법 나무 만들기〉를 칠판에 붙여두고 아동들이 발표한 내용 중 적절한 내용을 적어두도록 한다.

• 예시 : 음악 듣기, TV 보기, 노래 부르기, 운동하기 등

"여러분이 화가 나는 상황에서 감정을 다스리는 방법들을 잘 생각해주었어요. 때로는 한 가지 방법만으로는 화가 가라앉지 않을 수 있으니 그럴 때는 여러 가지 방법을 차례로 활용해야만 감정이 가라앉을 수도 있겠지요."

③ '잠깐맨 되기'를 설명한다.

"자, 이번에는 선생님이 알고 있는 방법을 하나 소개해볼게요."

④ 잠깐맨 되기는 온도계가 올라갈 상황에서 '잠깐~!!' 하고 외치고 속으로 1부터 10까지 세는 방법임을 설명하면서 〈활동지 : 잠깐맨 되기〉를 함께 보며 전체 학생이 같이 연습해보도록 한다. 치료자가 시연해 보인 뒤 학생들도 다 같이 따라할 수 있도록 연습을 한다.

⑤ 성공적으로 화를 다스린 뒤에는 다음과 같이 스스로에게 칭찬을 하도록 하며, 다 같이 큰 소리로 다음의 말을 따라 해보도록 한다.

> "내 감정을 잘 다스릴 수 있었다니, 정말 잘한 일이야!"

〈주의〉 위의 말을 회기 내에서 자주 사용하여 아이들이 이를 암기할 수 있도록 한다. 각 역할 연기 끝에 반드시 위의 문구를 삽입하여 활용하도록 한다.

## 3. 부정적 감정 다루는 방법 익히기 (2)

① 이후에도 화가 가라앉지 않을 때는 이완 요법을 실시한다. 이완 요법은 〈활동지 : 몬스터 훈련〉 방법을 사용하여 시행해본다.

② 만화영화 〈이웃집 토토로〉를 4분 정도 보여준다. 그리고 난 뒤 〈활동지 : 몬스터 훈련〉을 하나씩 제시하면서 이완 요법에 대하여 설명한다.

"자, 어떤가요? 기분이 울적할 때 혹은 화가 날 때 방금 봤던 만화영화의 토토로처럼 조용하고 편안한 숲 속에서 바람을 타고 하늘을 나는 상상을 하면 한결 긴장이 풀어지고 기분이 좋아질 수 있을 거예요. 한번 해볼까요?"

③ 눈을 감고 이완 요법 지시문을 읽어주면서 실제로 이완하는 훈련을 해본다.

> 나는 숨을 깊이 들이쉽니다.
> 나는 숨을 천천히 쉬면서 수 초 동안 숨을 멈추고 다시 서서히 내쉽니다.
> 나는 발의 근육에 정신을 집중합니다.

나는 발의 근육에 팽팽하게 힘을 주고, 약 10초 동안 그 상태를 유지했다가 서서히 힘을 뺍니다.

나는 발끝에서부터 몸 전체를 위로 올리면서 팽팽하게 힘을 주었다가 서서히 힘을 뺍니다.

이제 나는 고요하고 따뜻한 숲 속에 있습니다.

나는 나뭇잎 우산을 만들어 하늘로 떠오릅니다.

나는 하늘을 가볍게 날고 있습니다.

나는 마음이 가벼워집니다.

이제 바람이 잠잠해집니다.

나는 이제 기분이 좋아집니다.

④ 실제 기분이 어떠했는지 들어보도록 한다.

"여러분, 이완 요법을 해보니 어떤가요? 기분이 좋아지고 편안해졌나요? 화가 나는 상황에서 잠깐맨을 외친 뒤 몬스터 훈련을 하면 기분이 한결 가벼워질 수 있을 거예요."

## 정리 및 평가

① 프로그램 내용을 정리하고 이 시간을 통해 느낀 점을 간단히 이야기한다.

② 다음 회기를 간단하게 소개하고 마친다.

## 숙제

〈활동지 : 오늘은 뭘 배웠나요? (두 번째 시간)〉을 나누어주고 한 주 동안 화가 났던 상황이 있었는지 적어보고 그 상황에서 어떤 방법으로 감정을 조절했으며 각 상황에서 내가 적용한 방법으로 화가 얼마나 감소했는지 적어 오도록 한다.

감정 온도계

분노 대처 방법 나무 만들기

## 잠깐맨 되기

## 몬스터 훈련

두 번째 시간

# 오늘은 뭘 배웠나요?

이번 시간에는 분노를 다루는 방법에 대해서 배웠습니다. 다음의 분노 일지를 작성해 오세요.

〈상황〉

상황을 일고 든 감정은?

감정의 강도는?

내가 선택한 분노 조절 방법은?

감정의 강도는 어떻게 변했나?

3회기

# 분노 다스리기 Ⅱ

### 목표

- 부정적 감정을 유발하는 비합리적인 사고의 역할에 대하여 이해한다.
- 비합리적인 사고를 바꾸는 연습을 통해 분노를 다루는 방법을 배운다.
- 분노 상황에서 적절한 대처법을 찾아 적용한다.

### 준비물

- 활동지 : 형사 콜롬보
- 활동지 : 마법의 self-talk
- 활동지 : 비합리적 사고 찾기 연습
- 활동지 : 분노 조절의 3단계
- 활동지 : 사례 연습
- 활동지 : 오늘은 뭘 배웠나요? (세 번째 시간)

## 도입

① 〈달라진 점 찾기〉 게임을 진행한다.

ㄱ. 둘씩 짝을 짓는다.

ㄴ. 서로 30초가량 쳐다보며 상대방을 잘 관찰한다.

ㄷ. 30초 정도의 시간을 주고 서로 뒤돌아서서 '머리핀을 뺀다, 단추를 잠근다' 등 세 가지 정
도의 변화를 준다.

ㄹ. 다시 마주보며 서서 달라진 점을 찾는다.

ㅁ. 세 가지를 먼저 찾는 사람이 이긴다.

② 지난 회기의 내용을 복습하고 내용을 기억하는지 간단하게 아동들의 발표를 듣는다. 지

난 회기의 내용을 잘 기억하고 있는 아동에게 스티커를 부여한다.

"지난 시간에는 분노를 다스리는 방법으로 '잠깐맨 되기'와 '몬스터 훈련'을 배웠지요."

③ 이번 시간을 소개한다.

"이번 시간에는 분노를 다스리는 방법에 대해서 배우는 두 번째 시간으로, 화를 일단 가라앉히고 난 다음에 무엇을 해야 할지 배워볼 거예요."

## 내용

### 1. 비합리적 사고 수정하기

① 비합리적 사고가 우리의 감정에 미치는 영향에 대하여 간단하게 설명한다.

"화가 나는 이유를 찾을 때 명심해야 할 한 가지 중요한 것이 있어요. 일반적으로 우리는 우리가 화가 나는 이유가 다른 사람에게 있다고 생각을 해요. '○○가 ~해서 화가 났어'라고요. 하지만 그렇지 않은 경우도 있어요. 자세히 살펴보면 어떤 사건이나 사람 때문이 아니라 그 사건에 대해 내가 가지고 있는 생각 때문에 화가 나거나 기분이 나빠지는 경우도 있어요. 이걸 우리는 앞으로 '삐~'라고 부를 거예요."

② '분노의 ABC'에 대하여 설명한다. 다음의 도표를 그린 뒤 B('삐~'), 즉 잘못된 생각의 역할에 대하여 설명해준다.

A       —       B

(누가 나를 밀었다 )    —    (화가 난다)

A       —       B       —       C

(누가 나를 밀었다 )    —    (나를 무시하는구나)    —    (화가 난다)

"자, 이 도표를 보세요. 누가 밀었다는 사건이 있을 때 화가 난다고 생각해봅시다. 우리는 누가 밀었기 때문에 당연히 화가 난다고 생각을 하지만, 사건과 우리의 감정 사이에는 나도 모르게 '저 아이가 나를 함부로 대한다', '나를 무시한다', '나에게 덤빈다', '내게 도전한다'와 같은 순간적으로 스치는 생각 때문에 화가 나는 것이지요."

③ 화가 나는 상황에서 이런 생각이 드는 것이 왜 잘못된 생각인지를 설명한다.

"이런 생각이 옳을 때도 있지만 대부분은 순간적으로 갑작스럽게 떠오른 생각이기 때문에 잘못된 판단일 경우가 많습니다. 이를테면 위의 경우 누가 나를 밀쳤을 때 일부러 민 것이 아니라 발을 헛디뎌서 쓰러지면서 밀치게 된 것일 수도 있어요. 잘 생각해보면 몸의 중심을 잃어서 넘어지다가 단순히 밀친 것뿐인 행동인데 상대방이 나를 미는 순간 순간적으로 내 감정을 상하게 하려는 고의적인 행동이라고 생각하게 돼서 상대방에게 울컥 화를 내게 될 수 있는 거죠. 결국 상대방의 기분도 상하게 하고 싸움에 휘말리게 되는 결과만을 낳게 되는 상황에 처하게 되는 거예요. 그렇기 때문에 우리는 이 생각들을 올바른 생각으로 고쳐야 해요."

④ 〈활동지 : 형사 콜롬보〉를 제시하여 비합리적인 사고를 찾아내는 질문을 큰 소리로 따라 하도록 한다.

"자, 어떻게 하면 이런 잘못된 생각을 올바른 생각으로 바꿀 수 있을까요? 여러분은 형사 콜롬보 아저씨의 도움을 받으면 돼요. 형사 콜롬보처럼 '무슨 생각 때문에 화가 나는 걸까?', '내 생각에 잘못된 부분은 없을까?', '상황을 다르게 볼 수 없을까?', '다른 이유는 없을까?'라고 차분하게 생각해보면 잘못된 내 생각을 찾을 수 있어요."

> '무슨 생각 때문에 화가 나는 것인가?' '내 생각에 '삐~'소리 나는 생각은 없는가?'

⑤ 다음의 예를 읽어주고 '형사 콜롬보의 질문'을 사용하여 비합리적인 사고(예 : 나쁜 녀석! 나와의 약속을 어기다니 참을 수 없어/이 친구가 나를 어떻게 보고 늦는 거야)를 찾아보는 연습을 해보도록 한다.

> 약속시간이 한참 지났는데도 친구가 약속 장소에 나타나지 않아 화가 난다.

"자, 이 상황에서 주인공의 비합리적인 생각인 '삐~'는 무엇일까요? 숨어 있는 '삐~'를 찾아보세요."

⑥ 비합리적이라고 생각한 이유와 근거에 대해서도 이야기해보도록 한다. 생각을 잘 정리해서 발표할 경우 스티커를 부여한다. 그리고 위의 비합리적인 사고를 합리적인 사고(예 : 무슨

일이 생겼나 보다, 조금만 기다려보자)로 바꾸어보도록 한다.

⑦ 비합리적인 사고를 합리적인 사고로 바꾸어주는 것이 바로 '마법의 self-talk'이다. 비합리적 사고를 합리적 사고로 바꾸어주는 〈활동지 : 마법의 self-talk〉를 제시하고 나누어주어 아이들에게 적절한 문구를 선택할 수 있도록 도울 수 있다.

⑧ 〈활동지 : 비합리적 사고 찾기 연습〉을 제시한 뒤 비합리적 사고를 찾아서 합리적인 사고로 바꾸는 연습을 해보도록 한다. 적절한 내용으로 수정할 수 있도록 아동들의 답안지를 꼼꼼히 점검해준다.

## 2. 역할극을 통하여 적용하기

① 〈활동지 : 분노 조절의 3단계〉를 제시한 뒤 분노를 조절하는 방법을 정리해준다.

"자, 오늘 배운 내용을 이렇게 정리할 수 있어요. 화가 100도까지 올랐을 때는 빨간불인 상태예요. 이 상태에서 여러분은 잠깐맨이 되어야 해요. 그래서 화를 50도 정도로 낮추고 나면 그때가 노란불이 되는 거예요. 노란불이 켜지면 그땐 형사 콜롬보가 되어 화가 난 이유를 꼼꼼히 생각해보게 되는 거죠. 왜 내가 화가 났는지, 내 잘못된 생각 때문에 화가 난 것은 아닌지 잘 생각해보게 돼요. 그래서 내가 화가 난 원인을 찾게 되면 그때는 파란불이 켜지게 되는 거예요. 파란불이 켜지면 상대방에게 내가 화가 난 이유를 이야기하며 내 의견을 이야기하거나 그 외의 다른 해결 방법을 결정하여 문제를 해결할 수 있어요."

| | |
|---|---|
| 빨간불 | 잠깐맨이 되어 화를 가라앉힌다. |
| 노란불 | 형사 콜롬보가 되어 화가 난 이유를 생각해본다. |
| 파란불 | 해결 방법을 결정하고 문제를 해결한다. |

② 모둠별로 〈활동지 : 사례 연습〉을 나누어준다. 카드 상황을 읽고 상황에서 유발되는 감정과 감정의 강도를 적고 적절한 문제 해결 방법이 무엇인지 모둠별로 생각해보도록 한다.

③ 모둠별로 나와 발표하도록 한 뒤 각 방법이 감정을 가라앉히는 데 적절했는지, 문제 해결 방법이 효과적이었는지를 평가해보도록 한다.

④ 내용을 잘 정리하여 발표한 모둠을 아동들의 박수 소리로 평가하도록 하여 가장 박수 소

리가 큰 모둠에게 스티커를 부여한다.

## 정리 및 평가

① 프로그램 내용을 정리한 후 이 시간을 통해 느낀 점에 대하여 한 사람씩 소감을 듣는다.

② 다음 시간에 대해서 설명하면서 마친다.

## 숙제

〈활동지 : 오늘은 뭘 배웠나요? (세 번째 시간)〉을 나누어주고 일주일간 화가 나는 상황을 적고 그 상황에서의 나의 숨겨진 욕구와 감정, 그 상황에서 나의 욕구를 충족시키기 위해서 사용한 적절한 대처법은 무엇이었는지 그리고 분노를 유발하는 비합리적인 사고는 어떤 것이 있었는지 적어 오고, 어떤 마법의 self-talk를 적용했는지 적고 그 결과가 어떠했는지 적어 오도록 한다.

형사 콜롬보

마법의 self-talk

사람들이 내가 원하는 대로
행동해야 한다는
것은 잘못된 생각이야.

모든 것이 다 내 뜻대로 될 수는 없어.
이 상황을 받아들이자.

짜증 낼 필요 없어.
단지 해결해야 할 문제가 생긴 것뿐이야.

전에 했던 것처럼 이번 일도
잘 해결할 수 있어.

나를 비롯한 어느 누구도 완벽하지 않아.

나는 좋은 사람이야.

나는 친구가 욕해도
같이 욕하지 않아.

세상이 항상 공정한 것은 아니야.
모든 사람이 항상
공정한 대우를 받는 것도 아니야.

내가 꼭 최고가 될 필요는 없어.

나도 많은 장점이 있어.

부러운 감정은 당연한 것이야.
나를 발전시킬 수 있는 자극이 될 거야.

내 생각이 틀릴 수도 있어.

여기서 화를 내면 상대방은 귀를 닫을 거고
그러면 내 마음을 알리기 어려워질 거야.

있는 그대로의 나의 모습도 괜찮아.

## 비합리적 사고 찾기 연습

나와 가장 친한 친구가 점심시간에 내 옆에 앉지 않았다. 나에게 기분이 나쁘거나 내가 싫어진 거라는 생각이 들었다. 나를 따돌리려는 것은 아닐까란 생각도 들어 기분이 나빴다.

새로 전학 온 친구가 체육시간에 줄넘기를 1등을 한다. 전학 오자마자 튀어서 인기를 얻으려고 한다. 내 자리를 빼앗으려고 한다. 기분 나쁘고 화가 난다.

아이들이 나더러 다른 친구를 괴롭히는 일을 같이 하자고 말한다. 친구들이 하자는 대로 하지 않으면 나를 따돌릴 거야. 무섭고 두렵다.

한 친구가 '병신'이라며 나를 놀린다. 옆에 있는 친구들도 가만히 쳐다만 보고 있다. 아이들은 다 나를 싫어하는 것 같다. 나는 형편없는 사람이다.

## 비합리적 사고 찾기 연습 (계속)

나와 가장 친한 친구가 점심시간에 내 옆에 앉지 않았다. 나에게 기분이 나쁘거나 내가 싫어진 거라는 생각이 들었다. 나를 따돌리려는 것은 아닐까란 생각도 들어 기분이 나빴다.

그 친구가 내 옆에 앉지 않았다고 해서 나를 좋아하지 않는 건 아니야.
다른 이유가 있을지도 모르니 이유를 물어보자.

새로 전학 온 친구가 체육시간에 줄넘기를 1등을 한다. 전학 오자마자 튀어서 인기를 얻으려고 한다. 내 자리를 빼앗으려고 한다. 기분 나쁘고 화가 난다.

새로 전학 온 친구는 그저 열심히 하려고 했던 것뿐이야. 나도 더 열심히 하자.

아이들이 나더러 다른 친구를 괴롭히는 일을 같이 하자고 말한다. 친구들이 하자는 대로 하지 않으면 나를 따돌릴 거야. 무섭고 두렵다.

내게 강요할 권리는 없어.
그 친구들이 내게 심하게 군다고 하더라도 나쁜 일에 동참할 수는 없어.

한 친구가 '병신'이라며 나를 놀린다. 옆에 있는 친구들도 가만히 쳐다만 보고 있다. 아이들은 다 나를 싫어하는 것 같다. 나는 형편없는 사람이다.

한 친구가 나를 놀렸다고 해서 모든 친구들이 나를 싫어하는 것은 아니야.

분노 조절의 3단계

| | |
|---|---|
| **빨간불** | 잠깐맨이 되어<br>화를 가라앉힌다. |
| **노란불** | 형사 콜롬보가 되어<br>화가 난 이유를 생각해본다. |
| **파란불** | 해결 방법을 결정하고<br>문제를 해결한다. |

**사례 연습 I**

아침 자율학습시간이다. 아침 햇살이 따갑게 들어와서 눈이 부셔 책을 볼 수가 없다. 창가에 앉은 친구에게 커튼을 쳐달라고 말을 했는데 들은 척도 안 한다. 두 번 세 번 말했는데도 꿈쩍도 안 한다. 날 무시하는 건지 화가 치밀어 오른다.

상황을 읽고 든 감정은?

감정의 강도는?

내가 선택한 분노 조절 방법은?

부정적 감정을 유발한 생각, 욕구는?

내가 사용한 마법의 self-talk는?

감정의 강도는 어떻게 변했나?

## 사례 연습 II

엄마가 잠깐 슈퍼마켓에 다녀오시는 동안 동생을 보라고 하셨다. 숙제도 많지만 동생과 함께 놀아주었다. 잠깐 화장실을 다녀오니 동생이 자꾸 바닥에 크레파스로 낙서를 하고 있었다. 엄마가 들어오시자마자 '너는 도대체 동생을 본 거니 안 본 거니?'라며 다짜고짜 화를 내신다. 잠깐 화장실 갔다가 온 사이에 일어난 일이라고 말해도 내 말은 믿지 않으신다.

상황을 읽고 든 감정은?

감정의 강도는?

내가 선택한 분노 조절 방법은?

부정적 감정을 유발한 생각, 욕구는?

내가 사용한 마법의 self-talk는?

감정의 강도는 어떻게 변했나?

## 사례 연습 III

쉬는 시간에 나는 친구들과 도미노 게임을 하고 있었다. 교실 뒤에서 하나하나 쌓아 가고 있는데 갑자기 운동장에서 놀다가 뛰어 들어온 경수가 헉헉대며 지나가면서 나를 밀쳐서 그만 도미노가 다 무너지고 말았다. 몇 분 동안 만든 도미노인데 다 망가져버렸다.

상황을 읽고 든 감정은?

감정의 강도는?

내가 선택한 분노 조절 방법은?

부정적 감정을 유발한 생각, 욕구는?

내가 사용한 마법의 self-talk는?

감정의 강도는 어떻게 변했나?

세 번째 시간

# 오늘은 뭘 배웠나요?

이번 시간에는 분노를 다루는 방법으로 비합리적인 사고에 대하여 배웠습니다.
이제까지 배웠던 모든 방법을 사용해서 일주일간 나의 분노를 다스리는 연습을 해보겠습니다. 다음의 분노 일지를 작성해 오세요.

| 상황 |
| --- |
| 상황을 읽고 든 감정은? |
| 감정의 강도는? |
| 내가 선택한 분노 조절 방법은? |
| 부정적 감정을 유발한 생각, 욕구는? |
| 내가 사용한 마법 self-talk는? |
| 감정의 강도는 어떻게 변했나? |

## 4회기

# 자신감 있게 말해요

**목표**
- 나의 입장을 적극적으로 전달하는 방법을 배운다.

**준비물**
- 활동지 : 주장 행동
- 활동지 : 무시하기
- 활동지 : 주장 역할극
- 활동지 : 주장 연습
- 활동지 : 오늘은 뭘 배웠나요? (네 번째 시간)

## 도입

① 손 풀기 게임을 진행한다.

ㄱ. 전원이 모여 서 있는다.

ㄴ. 오른팔이 왼팔 위로 가게 하여 양옆 사람의 손을 잡도록 한다.

ㄷ. 원 모양이 만들어지면 손을 놓지 않고 몸을 움직여 얽혀 있는 손을 풀게 한다.

② 지난 시간에 해 왔던 숙제를 발표하도록 하고 적절한 내용을 정리하여 잘 발표한 아동에게 스티커를 부여한다.

③ 이번 회기를 소개한다.

"드디어 효과적으로 내 의사를 전달하는 방법을 배우는 시간이 되었어요. 지난 시간부터 몇 번 설명한 적이 있었지요. 자, 여러분 갈등 상황에서 혹은 화가 난 상황에서 어떻게 하면 자신감 있게 나의 입장을 전달할 수 있을까요? 함께 배워보도록 하겠습니다."

## 내용

### 1. 자신감 있게 의견을 전달하는 것의 필요성 인식하기

① 구체적인 사례를 들어 생각해보는 시간을 갖는다.

"자, 이 상황은 어떤 상황인지 한번 잘 들어봅시다."

소희는 경원이네 그룹 아이들과 함께 놀곤 했다. 그런데 소희가 시험에서 연속으로 100점을 맞자 갑자기 경원이가 소희 보고 너는 우리 그룹에 들어올 수 없다고 말하는 것이었다. 그리고는 다른 친구들에게도 소희와 놀지 말라며 소희에 대하여 안 좋은 이야기를 하고 다닌다. 그 뒤로 경원이와 경원이네 그룹 아이들이 소희만 보면 뒤에서 수군거리거나 공책에 '미친 X'이라는 낙서를 해놓기도 한다. 이제는 모든 아이들이 소희만 보면 소희를 째려보거나 얼굴을 찌푸린다.

② 다음의 두 가지 사례는 잘못된 의사 전달방법의 예이다. 첫 번째는 공격적인 의사 표현 방법이다. 이 상황에서 어떤 일이 생길지를 구체적으로 생각해보도록 한다. 다음의 질문을 빠트리지 않고 하도록 한다.

소희는 너무 화가 나면서도 외롭다. 분노감이 치밀기도 하지만 동시에 너무 슬퍼서 어찌할 수가 없다. 그래서 결국 아이들에게 욕을 퍼부으며 '대체 왜 그래? 너희들 진짜 나쁜 거 알아? 진짜 짜증난다!'라고 했다.

"자, 여기에서 소희는 아마도 잠깐맨을 외치지 않은 100도의 감정 상태에서 무언가 문제를 해결하려고 했던 것 같지요. 소희가 자기 기분에 따라 아이들에게 욕을 퍼부으며 소리친 이후에 어떤 일이 생겼을까요? (아동들의 대답을 듣는다) 또 아이들은 소희가 왜 소리치는지 이유를 충분히 알 수 있었을까요? 그리고, 과연 소리치며 한 말로 그 아이들의 행동을 그만두게 할 수 있었을까요? (아동들의 대답을 듣는다) 아마 친구들은 소희가 왜 욕을 하는지 전혀 알 수 없었을 거예요."

③ 두 번째는 소극적인 의사 표현 방법이다. 이 상황에서 어떤 일이 생길지를 구체적으로 생각해보도록 한다.

"자, 이번에는 반대 경우의 예를 살펴보도록 할게요."

> 소희는 기분이 너무 슬퍼져서 아무 말도 하지 않고 참기만 했다. 그러고는 다음 날 그냥 학교도 가지 않고 집에 혼자 있었다.

"자, 여기에서 소희는 화를 참기는 했지만 참기만 했고 그다음 문제 해결을 하기 위해서 아무 행동을 취하지 않았어요. 자, 소희처럼 아무 말도 하지 않고 참기만 하면 어떤 일이 생길까요? 소희가 기분이 나쁜 이유를 충분히 알 수 있었을까요? 그리고 학교를 가지 않고 참기만 하는 행동이 그다음부터 아이들이 소희를 괴롭히는 행동을 멈추게 할 수 있었을까요? (아동들의 대답을 듣는다) 아무것도 하지 않으면 소희를 괴롭히는 행동을 멈추게 할 수 없어요. 왜냐하면 그렇게 아무 말도 하지 못하는 아이들을 아무것도 할 수 없는 아이라고 생각해서 더 괴롭힐 수 있어요. 또 어른들에게 말하지도 못하고 속으로만 끙끙 앓을 거라고 생각하거든요. 게다가 어쩌면 친구들은 소희가 아무 말도 하지 않았기 때문에 기분이 나쁜지도 모를 거고 어쩌면 '괜찮은가보다', '견딜만 한가보다'라고도 생각할 수 있을 거예요."

④ 자신감 있게 자신의 생각이나 기분을 전달하는 것이 중요하다는 점을 설명한다.

"그렇다면 어떻게 해야 할까요? 바로 상대방이 어떤 일을 하고 있는지, 그 일로 인해 내 기분은 어떤지 자신감 있게 상대방에게 전달하는 것이 중요해요. 주장적으로 자신의 의견을 전달해야 상대방도 내가 기분이 나쁘다는 것을 알아챌 수 있고 어떤 행동 때문에 내가 기분이 나쁜 것인지 알아서 그런 행동을 다시는 하지 않을 수 있겠죠."

## 2. 자신감 있게 의견을 전달하는 태도 익히기

① 〈활동지 : 주장 행동〉을 보여주며 주장적으로 자신의 생각을 전달하는 구체적인 방법을 연습한다. 다음의 각 단계를 소리 내어 말하며 주장 행동을 연습해본다.

"상대방에게 자신감 있게 내 생각을 전달하기 위해서는 당당하고 자신감 있는 태도가 중요해요. 자, 다음의 이 그림을 한번 보면서 올바른 자세를 배워볼까요?"

---

기죽지 않고 당당하게 똑바로 선다.

상대방의 눈을 쳐다본다.

또박또박 천천히, 하지만 강한 어조로 말한다.

스스로에게 '난 할 수 있어'라고 말한다.

어떤 행동이 기분이 나쁜지 다음과 같이 분명하게 말한다.

**"(상대방의 이름)! 네 (              ) 한 행동 때문에 기분이 나빠. 그만해!"**

---

② 위의 방법으로 자신의 의견을 전달해도 상대방의 행동이 멈추지 않을 경우가 있다는 것을 전달한다.

"여러분이 분명히 당당한 태도로 기분이 나쁘므로 행동을 그만두기를 원한다는 것을 전달했을 때 상대방이 바꾸어주면 좋지만 상대방이 여러분의 말대로 따라주지 않는 경우도 있어요. 그럴 경우는 더 이상 여러분의 잘못이 아니에요. 충분히 내 의사를 명확하게 전달했을 때에도 상대방이 변하지 않는다면 그것은 상대방의 문제입니다."

③ 상대방의 행동이 중단되지 않고 계속될 경우에는 〈활동지 : 무시하기〉의 방법들도 상황에 따라 적절하게 활용해볼 수 있음을 설명해준다.

### 3. 역할극을 통해 적용하기

① 각 팀에게 〈활동지 : 주장 역할극〉을 나누어주고 2명씩 짝을 지어 역할극을 해본다. 상황을 제시하며 다음과 같이 말한다.

"이 상황들은 여러분이 자신의 생각이나 기분을 명확하게 전달해야 하는 상황이 될 수 있어요. 두 사람씩 짝을 지어서 이 상황에서 어떻게 내 의사를 전달할지 문구를 만들어보고 역할을 나누어서 발표를 해보겠습니다."

② 역할극이 끝나면 다음의 질문을 사용하여 주장적으로 표현하는 역할을 맡은 아이의 행동이 제대로 이루어졌는지 다른 집단 아이들이 평가해보도록 한다. 공격적이거나 지나치게 수동적인 반응을 보이고 있다면 이를 적절히 수정해준다. 적절하게 자신의 의사를 전달한 경우

칭찬을 해주며 스티커를 부여한다. 또한 역할을 해본 느낌은 어떠했는지 양편의 이야기를 다 들어보도록 한다.

> "연기하는 아이가 상대방의 눈을 똑바로 쳐다보고 있었나요?"
> "연기하는 아이의 목소리가 어떻게 들렸어요?"
> "연기하는 아이가 상대방의 눈을 보고 말했나요?"
> "아이의 방법이 효과적이었나요?"

③ 효과적이지 않았을 경우 혹은 싫다는 의사를 전달했음에도 불구하고 같은 행동이 반복될 경우 〈활동지 : 무시하기〉 혹은 그 이외에도 어떠한 대처가 적절할지 전체 집단원들에게 물어 선택해보도록 한다.

## 4. 주장적 의사 표현 연습하기

① 〈활동지 : 주장 연습〉을 나누어주고 각 경우에 대처할 수 있는 문구들을 작성해보도록 한다. 다양한 상황에 맞는 다양한 문구들을 생각해볼 수 있도록 한다.

② 각자 적어둔 내용을 돌아가면서 발표해보도록 한다. 잘못된 내용이 있거나 미흡한 부분이 있을 경우 아동들과 함께 적절한 내용이 무엇일지 상의하여 피드백을 주도록 한다.

③ 상기 방법들을 사용하는 시기와 효과에 대하여 설명해준다.

"이렇게 내 의사를 분명히 전달하는 것은 아이들이 놀리거나 괴롭히는 상황이 시작될 때 곧바로 사용해야 가장 효과적이에요. 그리고 때로는 한두 번 이야기하는 것으로 효과가 나타나지 않고 이런 말을 몇 번 반복해야 할 수도 있어요. 또한, 이렇게 말을 한다고 하더라도 상대방이 여러분의 말을 들어주지 않을 때도 있을 거예요. 그렇게 반복해도 해결이 되지 않을 경우에는 주변의 도움을 받아야 합니다."

## 정리 및 평가

① 프로그램 내용에 대하여 질문을 받는다.

② 프로그램 내용을 정리한 후 이 시간을 통해 느낀 점에 대하여 한 사람씩 소감을 듣는다.

③ 다음 회기에 대하여 간단히 소개한 뒤 정리한다.

"다음 시간에는 내 의사를 전달한 뒤에 상대방이 뭐라고 말하는지 잘 듣고 상대방뿐만 아니라 내가 변해야 할 부분은 없는지 생각해보는 시간을 가져볼 거예요."

## 숙제

일주일간 겪었던 나만의 갈등 상황을 한 가지씩 적고 그 상황에서 어떻게 자신의 의사를 전달했고 그 방법이 효과적이었는지 평가한 뒤, 만약 효과적이지 않았다면 어떻게 전달하는 것이 합리적인 방법이었을지 생각하여 적어 오도록 한다(〈활동지 : 오늘은 뭘 배웠나요? (네 번째 시간)〉).

주장 행동

무시하기

그건 어디까지나
네 생각이지

내가 그래서 네가 무척
괴로운가 보구나

그게 사는 거 아니겠냐

네가 그렇게 나를
걱정하는 줄 몰랐다

넌 사물을 보는
독특한 시각을 가졌구나

고마워 칭찬으로
받아들일게

네 맘대로 생각하렴

뭐라고?
(못 듣는 척한다)

## 주장 역할극

학기 초에 정수가 나보고 숙제를 해달라고 해서 거절했더니 다른 애들 몇 명을 불러와서는 나에게 시비를 걸어왔다. 처음에는 아이들이 말려서 그럭저럭 넘어갔는데 그 이후로도 정수와 그 애들은 나만 보면 억지로 심부름을 시키고, 시비를 건다. 오늘도 하기 싫은 심부름을 시키고 있다.

정수 : (인상을 쓰면서) "야, 빌빌이! 미술준비를 못해 왔는데 옆 반 가서 스케치북 좀 빌려와라."

나 :

---

어제 머리를 자르고 왔는데 그날 이후로 아이들이 내 머리를 가지고 놀린다. 어떤 아이는 "너 머리 쥐가 파 먹었냐? 도대체 누가 잘랐냐?"라며 놀리더니 급기야 성훈이가 "모자 써서 그거 좀 가려라!"라며 말한다. 안 그래도 머리가 이상해서 속상한데 정말 화가 치민다.

성훈 : 차라리 모자 써서 가리는 게 낫겠다.

나 :

---

상혁이가 교실에서 공으로 장난을 치다가 그만 유리창을 깼다. 상혁이는 부랴부랴 유리 조각들을 자신의 서랍에 넣어두었다. 선생님이 범인이 누구냐고 물었지만 아무도 대답을 하지 않았다. 나는 당황해서 상혁이를 쳐다봤다. 그러자 선생님이 상혁이를 의심하게 되었다. 쉬는 시간이 되자 상혁이가 다가왔다.

상혁 : 야! 너 일부러 내가 했다고 고자질하려고 나 쳐다봤지? 나쁜 자식!

나 :

주장 연습

1. 수경이는 내가 수학 시간에 100점을 맞은 뒤부터 '어이~ 천재~' 라며 자꾸 비아냥거린다.

2. 경호는 내가 옆에만 지나가면 수군댄다.

3. 명수가 다른 아이들에게 내가 다른 아이의 돈을 훔쳤다면서 거짓말을 하고 다닌다.

4. 준영이가 나보고 매일매일 돈을 1,000원씩 집에서 가져오라고 시킨다.

5. 정현이는 내가 말하는 말투나 행동을 가지고 자꾸 놀려대면서 외계인같다고 놀린다.

주장 연습 (계속)

6. 체육시간에 나는 공을 잘 놓친다. 내가 공을 놓칠 때마다 태현이는 '병신같은 놈'이라며 소리를 지른다.

7. 성준이는 아침 조회 시간마다 새치기를 하면서 내 앞에 끼어든다.

8. 운동장에서 놀고 있는데 상경이가 자꾸 내 앞쪽으로 모래를 찬다.

9. 나는 수줍어서 수업시간에 발표를 할 때 말을 더듬는다. 발표가 끝나자 내가 더듬는 것을 흉내내며 형철이가 자꾸 놀린다.

10. 선주에게 다가가 모르는 문제를 물어보려는데 나를 쳐다보지도 않고 무시한다. 싸이월드 일촌도 바꾸고 커플미니미도 다 깼다.

네 번째 시간

# 오늘은 뭘 배웠나요?

이번 시간에는 친구들과 대화를 나누는 방법에 대해서 배웠습니다. 일주일간 겪었던 나만의 갈등 상황을 한 가지씩 적고 그 상황에서 어떻게 자신의 의사를 전달했는지 적고 그 방법이 효과적이었는지 평가하고 만약 효과적이지 않았다면 어떻게 전달하는 것이 합리적인 방법이었을지 생각하여 적어 오세요.

| 번호 | 날짜 | 어떤 상황에서 | 누구 에게 | 어떻게 표현했는지 | 좋은 점 혹은 결과 | 보완할 점 |
|---|---|---|---|---|---|---|
| 1 | | | | | | |
| 2 | | | | | | |
| 3 | | | | | | |

다음 시간에 자신이 경험한 것을 발표해봅시다.
과제를 적어 오고 발표를 하면 스티커를 2배로 줍니다. 파이팅~!!

# 친구들이 뭐라 해도

## 목표

- 다른 사람들이 나에 대해 말하는 것과 실제의 나를 구별한다.
- 내가 통제할 수 없는 것을 수용해야 함을 인식한다.
- 내가 통제할 수 있는 부분에 대하여 변화하도록 노력하는 것이 필요함을 인식한다.
- 나에 대한 자신감을 갖는다.

## 준비물

- 활동지 : 수용 또는 변화 활동 기록지
- 활동지 : 변화와 노력
- 활동지 : 실제의 나 구별하기
- 활동지 : 나만의 장점 찾기
- 활동지 : 오늘은 뭘 배웠나요?(다섯 번째 시간)

## 도입

① 〈노래 부르기〉 게임을 진행한다.

ㄱ. 두 팀으로 나누어 노래 크게 부르기를 한다.

ㄴ. 한 팀은 '송아지' 노래를 부르고 다른 한 팀은 '비행기'를 동시에 부르되 큰 소리로 불러본다.

ㄷ. 큰 목소리를 내어 부른 팀에게 도전 점수를 주어 경쟁을 불러일으키면 자신도 모르게 목소리가 쉴 정도로 큰 소리로 부르게 된다.

ㄹ. 서로 큰 소리로 노래를 부르는 활동을 하면 아동들의 활동 수준이 매우 높아져 다음 활동

에도 적극적으로 임할 수 있다.

② 자리를 정돈하고 지난 시간을 간단히 정리한 뒤 이번 시간을 간단하게 소개하며 준비에 들어간다.

## 내용

### 1. 내가 변화시킬 수 없는 부분에 대하여 수용하기

① 〈활동지 : 수용 또는 변화 활동 기록지〉를 나누어주면서 활동을 소개하고 학생들에게 그들이 변화할 수 있는 면과 변화할 수 없는 측면을 결정할 기회를 갖게 될 것임을 설명한다.

"자, 이제부터 여러분 각자는 여러 가지 특징을 가지고 있어요. 이 중에는 우리가 변할 수 있는 면도 있고 변할 수 없는 면도 있지요. 여러분들이 가지고 있는 특징은 어떤 것들이 있고 또 그중에 변할 수 있는 면과 없는 면이 어떻게 다른지 한번 살펴보겠어요."

② 아동들에게 빈칸에는 자신만이 가지고 있는 특성들을 적도록 하고 활동 기록지의 각 항목에 연속선을 표시해보도록 한다.

③ 내가 통제할 수 없고 아무리 노력해도 변화시킬 수 없는 것은 어떤 것들인지 확인해보도록 한다. 내가 변화시킬 수 없는 외모, 가족, 피부색, 키와 같은 것들에 대해서 친구들이 괴롭히거나 놀릴 경우에는 이를 무시할 수 있어야 함을 알려준다.

"여러분이 통제할 수 없다고 생각하는 것들의 몇 가지 예를 들면 무엇인가요? 이런 것들을 내가 변화시킬 수 있나요? 이런 것들을 가지고 친구들이 놀린다고 해서 '나는 못났어', '나는 놀림을 당할 만해'라고 생각하는 게 옳은가요? 내가 변화시킬 수 없는 것으로 아이들이 괴롭힌다고 해서 자신감을 잃어서는 안 되겠죠. 오히려 이런 자신의 모습에 대해서 자신감을 가지고 그것들을 있는 그대로 수용하는 것이 중요해요."

④ 내가 바꿀 수 없는 것과 바꿀 수 있는 것을 구별하여 바꿀 수 있는 것에 대해서 변화하도록 노력해보기로 한다. 행동을 바꿈으로써 친구관계에 변화를 가져올 수 있음을 학생들에게 주지시킨다.

"여러분이 조금 통제할 수 있는 것은 무엇인가요? 많이 통제할 수 있는 것은 무엇인가요?

이런 것들에 대해서 여러분은 변화에 어느 정도 영향을 미칠 수 있다고 생각하나요? 예를 들면, 자세를 바꿈으로써 자신감 있게 보이도록 할 수 있고, 옷차림을 바꿈으로써 깨끗한 인상을 줄 수 있고, 미소를 지으며 '안녕'이라고 말하는 식으로 변화시킴으로써 친구들이 나에 대해서 가지고 있는 인상을 바꾸어줄 수 있겠지요?"

⑤ 〈활동지 : 변화와 노력〉을 나누어준 뒤, 친구들이 놀리거나 괴롭히는 것들 중에서 내가 변화시킬 수 있는 것은 어떤 것들이 있는지 적어보도록 한 뒤 어느 정도 변화시킬 수 있다고 생각하는지, 통제할 수 있는 일을 극복하기 위하여 어떤 노력들을 할 수 있는지 적어보도록 한다.

"여러분이 통제할 수 있는 일을 극복하기 위해 무엇을 할 수 있나요? 예를 들면, 친구들과의 관계를 위해 또는 여러분의 태도 변화를 위해 어떤 일을 해야만 하나요?

⑥ 어떤 노력을 할 수 있을지 생각하여 각자 적은 내용을 발표해보도록 한 뒤 박수를 치면서 칭찬과 격려를 해준다.

## 2. 실제의 나와 친구들이 말하는 나를 구별하기

① 다음의 사례를 들려준다.

"이번에는 한 친구의 사례를 들어보도록 하겠습니다."

> 학교에서 극기 훈련을 떠났다. 철호는 고소공포증이 있어서 평소에도 높은 곳에는 잘 못 올라간다. 그런데 훈련의 하나로 높은 곳에서 뛰어내리는 것이 있었다. 무서워서 하고 싶진 않았지만 그래도 끝까지 최선을 다하고 싶어서 올라가보았다. 뛰어내리라는 교관의 호루라기 소리가 울렸는데 뛰어내리려는 순간 그만 자신도 모르게 소변을 지리고 말았다. 그 후로 아이들이 '오줌싸개'라고 계속 놀린다. 나는 그날 한 번만 그랬던 것뿐인데 계속 아이들이 놀려서 너무 속상하다. 정말 내가 왜 그랬을까 생각하니 너무 창피해서 죽고만 싶다. 아이들이 계속 놀리니 정말 내가 형편없는 인간같이 느껴진다.

② '오줌싸개'라는 말의 뜻이 무엇인지 생각해보도록 하고 그 말이 현재 철호의 경우에 적용이 가능한 말인지 생각해보도록 한다.

"오줌싸개란 어떤 사람을 보고 하는 말이지요? 오줌을 가릴 줄 모르는 아이를 가리켜 하는 말이에요. 철호의 경우는 어떤가요? 평소에도 오줌을 가리지 못하는 아이였나요? (아동들의 대답을 듣는다) 철호는 고소공포증이 있었기 때문에 높은 곳에 올라가 너무나도 당황해서 한 번 실수했던 것뿐이지요. 그런 철호에게 '오줌싸개'가 적당한 별명은 아니겠죠."

③ 〈활동지 : 실제의 나 구별하기〉를 아이들에게 나누어준 뒤, 자신을 놀렸던 사람에게 들어봤던 욕심쟁이, 바보, 괴물 등의 말들을 기억나는 대로 적어보도록 한다.

"주변에서 친구들이 무엇을 가지고 놀리고 괴롭히나요? 친구들이 뭐라고 하던가요?"

④ 친구들이 놀리는 말들이 실제 무엇을 뜻하는지 생각해보도록 한 뒤 자신의 모습과 같은지 다른지를 판단해보도록 한다.

"다른 사람들이 여러분을 놀리는 것이 실제로 무엇을 뜻한다고 생각하나요? 괴롭히는 사람이 말하는 것이 실제의 여러분과 같나요?"

⑤ 아이들이 다른 사람들이 자신에게 하는 행동을 통제할 수는 없지만, 자기 자신은 그들이 말한 그대로가 아니라는 것을 깨달음으로써 타인의 행동에 대해 자신이 어떻게 반응을 보일 것인지는 통제할 수 있다는 사실을 알게 한다.

"누군가가 놀리는 것을 항상 막을 수는 없지만, 놀리는 내용이 실제의 자신과 같은지를 판단하는 것이 중요하다는 것을 명심하세요."

⑥ 실제의 자신과 다르다면 아이들이 괴롭히거나 놀리는 말에 신경을 쓰지 않도록 노력해야 함을 인식시킨다.

"아이들이 그렇게 말한 것 때문에 여러분은 가치가 없는 사람인가요? 실제 여러분의 모습과 다르게 이야기하는 아이들의 말 때문에 스스로 가치가 없는 사람이라고 생각할 필요는 없습니다."

## 3. 장점 찾기

① 각자 가지고 있는 장점을 〈활동지 : 나만의 장점 찾기〉에 적어보도록 한다.

"다른 아이들이 아직 알지 못하지만 여러분이 가지고 있는 장점이 어떤 것들이 있는지 한

번 적어볼까요? 아이들이 놀리더라도 여전히 각자 가지고 있는 장점은 변하지 않았다는 것을 명심하고 어떤 상황에서도 자신에 대한 자신감을 잃지 않도록 하세요."

② 장점을 각자 돌아가면서 발표하고 집단원들도 돌아가면서 장점을 말해주도록 한다.

③ 〈칭찬 의자 앉기〉게임을 진행한다. 원을 만든 후 가운데에 칭찬 의자를 두게 되는데 이 의자에는 그룹원이 돌아가면서 앉으며, 다른 그룹원은 칭찬 의자에 앉은 사람을 칭찬한다. 자신이 발견한 친구의 긍정적인 면이나 친구로부터 받은 좋은 느낌(칭찬, 관심 표현, 격려)을 과장하거나 거짓이 아닌 솔직한 감정으로 짧고 명료하게 전달하도록 한다.

④ 칭찬의 말과 함께 준비했던 사탕이나 꽃을 선물로 함께 전달한다.

⑤ 모든 그룹원이 칭찬하기가 끝나면 자신이 가지고 있던 꽃이나 선물만큼 다시 자신이 갖고 다른 친구를 칭찬하면서 다른 친구에게 전달할 수 있다.

## 정리 및 평가

① 프로그램 내용을 정리하고 이 시간을 통해 느낀 점을 간단히 이야기한다.

② 다음 시간에 대하여 소개해준 뒤 이번 회기를 마친다.

## 숙제

최근에 또래관계에서 놀림을 당하거나 폭력을 당하는 등의 스트레스를 받는 상황을 네 가지 적어 오도록 한다.

## 수용 또는 변화 활동 기록지

다음에 나오는 각각의 항목을 읽고 여러분은 그것을 얼마나 변화시킬 수 있는지 결정하세요. 여러분이 통제할 수 있다고 생각되는 정도를 연속선상에 표시하고, 14~17은 여러분이 중요하다고 생각하는 것을 스스로 적어서 표시하면 됩니다.

| | 전혀 변화시킬 수 없다 | | 완전히 변화시킬 수 있다 |
|---|---|---|---|
| | 0 | 50 | 100 |

1. 코

2. 키

3. 몸무게

4. 피부색

5. 이름

6. 옷 입는 유형

7. 말투

8. 나이

9. 친구들과의 관계

10. 자세

11. 나의 생각

12. 나의 감정

13. 나의 가족

14.

15.

16.

17.

**변화와 노력**

친구들이 놀리거나 괴롭히는 것들 중에서 내가 변화시킬 수 있는 것은 어떤 것들이 있는지 적어보세요.

|  | 내가 변화시킬 수 있는 것 | 변화가 가능한 정도 | 나는 어떤 노력을 할 수 있나? |
|---|---|---|---|
| 1 |  |  |  |
| 2 |  |  |  |
| 3 |  |  |  |
| 4 |  |  |  |
| 5 |  |  |  |
| 6 |  |  |  |
| 7 |  |  |  |
| 8 |  |  |  |
| 9 |  |  |  |

실제의 나 구별하기

이름 :

| | 별명 | 실제 의미 | 실제의 나와 얼마나 같은가? |
|---|---|---|---|
| 1 | | | 0　　　　　　50　　　　　　100 |
| 2 | | | 0　　　　　　50　　　　　　100 |
| 3 | | | 0　　　　　　50　　　　　　100 |
| 4 | | | 0　　　　　　50　　　　　　100 |
| 5 | | | 0　　　　　　50　　　　　　100 |

조금이라도 다른 점이 있다면 그 이유는 무엇일까?

친구들이 놀리더라도 여전히 나는 이런 장점을 가지고 있어요.

| | |
|---|---|
| 1. | 6. |
| 2. | 7. |
| 3. | 8. |
| 4. | 9. |
| 5. | 10. |

## 나만의 장점 찾기

나

다섯 번째 시간

# 오늘은 뭘 배웠나요?

이번 시간에는 내가 가진 여러 가지 특징 중에서 '내가 바꿀 수 없는 부분'은 있는 그대로 수용하고 자신감을 가짐으로써 친구들의 놀림을 무시할 수 있고 '바꿀 수 있는 부분'은 변화해보도록 노력할 수 있고 이를 통해서 친구 관계에도 변화를 가져올 수 있다는 것을 배웠습니다. 일주일 동안 (1) 나의 모습을 수용함으로써 친구들의 놀림에 의연하게 대처했던 경험이나 (2) 친구들이 말하는 나와 실제의 나를 구별함으로써 친구들이 놀리는 말을 무시했던 경험, 그리고 (3) 나의 행동을 바꿈으로써 친구들과의 관계가 좋아지는 경험을 했다면 적어보세요.

| 번호 | 어떤 상황 이었는가? | 친구들은 놀리는 나의 모습은 무엇인가? | 그것은 다음 중에 어디에 해당하는가? | 나는 어떻게 대처했는가? | 어떤 변화가 나타났는가? |
|---|---|---|---|---|---|
| 1 | | | (1) 바꿀 수 없는 나의 모습 ( )<br>(2) 실제의 나와 다른 모습 ( )<br>(3) 바꿀 수 있는 나의 모습 ( ) | | |
| 2 | | | (1) 바꿀 수 없는 나의 모습 ( )<br>(2) 실제의 나와 다른 모습 ( )<br>(3) 바꿀 수 있는 나의 모습 ( ) | | |
| 3 | | | (1) 바꿀 수 없는 나의 모습 ( )<br>(2) 실제의 나와 다른 모습 ( )<br>(3) 바꿀 수 있는 나의 모습 ( ) | | |

다음 시간에 자신이 경험한 것을 발표해봅시다.
과제를 적어 오고 발표를 하면 스티커를 2배로 줍니다. 파이팅~!!

### 6회기

# 도와주세요!

## 목표
- 각 개인에 따라 다른 갈등 상황을 선정하여 적절한 대처법을 구체적으로 생각해본다.
- 주변의 어른이나 기관에 도움을 요청해야 하는 상황은 어떤 상황인지 살펴본다.
- 도움을 청하기 어려운 점이 무엇인지를 확인하고 동기를 부여한다.
- 도움을 청하는 구체적인 방법을 살펴본다.

## 준비물
- 활동지 : 나만의 대처 방법 나무 만들기
- 활동지 : 대처 카드
- 활동지 : 기관 소개지
- 활동지 : 나만의 도움 카드
- 활동지 : 도움 구하기
- 활동지 : 오늘은 뭘 배웠나요?

## 도입

① 지난 시간 내용을 간단하게 복습한다.

② 〈춤추는 세탁기〉 게임을 진행한다.

ㄱ. 구성원들이 동그랗게 서서 양손을 잡아 원을 만든다.

ㄴ. 먼저 얼굴이나 옷차림을 통해 오른쪽과 왼쪽에 어떤 친구가 서 있는지 확인한다.

ㄷ. 이제부터 구성원들이 춤추는 기능을 가진 세탁기 속의 빨래가 되는데, 지도자가 '시작!' 이라고 외치며 신나는 음악을 틀면, 구성원들은 손을 놓고 마음껏 빙글빙글 춤을 추며 돈 다. 춤을 추며 돌다가 지도자가 '그만' 하고 외치면, 그 자리에 멈춰선 후 처음에 자신의

양쪽에 서 있는 친구를 찾아서 손을 잡는다.

ㄹ. 손을 놓지 말고 잡을 손 위를 넘어가거나 손을 잡은 손 아래로 고개를 숙이고 지나가면서 본래의 원을 만든다.

(주의)

- 구성원들이 춤을 출 때 너무 흩어지지 않도록 신경쓴다.
- 다시 친구를 찾아서 손을 잡을 때 잡은 손의 방향이 바뀌거나 놓치지 않도록 주의시킨다.
- 구성원의 숫자가 적은 경우 쉽게 잘 풀리기 때문에 프로그램의 의미를 제대로 경험하지 못할 수 있으므로 그럴 경우 모두 둥글게 손을 잡은 상태에서 한 사람을 선두로 손 위아래로 넘나들면서 헝클어진 실타래처럼 복잡하게 얽는다. 지도자가 '그만'이라고 외치면 다시 원래의 모양대로 풀어 나가는 형식으로 진행해도 좋다.
- 게임이 끝난 후 손을 잡고 있을 때와 원래 원으로 만들기 위해 애쓸 때의 느낌이 어땠는지 소감을 간단히 나누어도 좋다.

③ 이번 시간을 소개한다.

"여러분들 각각 최근에 한 번쯤은 친구들 관계에서 어려움을 겪은 일이 있을 거예요. 지난 시간에 최근 또래관계에서 겪고 있는 스트레스가 되는 사건들을 적어 오도록 했었죠? 오늘은 그런 상황에서 내가 어떻게 대처할 수 있을지 나만의 대처 카드를 만들어보는 시간을 가져볼게요."

## 내용

### 1. 나만의 대처 전략 세우기

① 〈활동지 : 나만의 대처 방법 나무 만들기〉를 나누어준다. 여러 가지 갈등 상황이나 문제 상황에서 도움이 될 만한 대처 방법을 미리 생각해두는 방법으로 '나만의 대처 방법 나무 만들기'를 해본다. 학생들은 이 활동지를 자신에게만 일어날 수 있는 혹은 일어나고 있는 힘든 상황을 설정해두고 이 상황에만 도움이 될 수 있는 대처 방법들을 고안하여 준비해둘 수 있다. 진행자는 보조 진행자와 함께 학생들 개인이 선택한 방법 중에 잘못된 방법이 있을 경우 적절한 방법으로 수정해줄 수 있다.

② 이제까지 배웠던 방법들을 활용하여 직접 빈칸에 자신만의 대처 방법을 적도록 한다. 〈활동지 : 대처 카드〉의 내용 중에서 적절한 것을 골라 선택할 수 있다.

③ 상황에 따라 대처 전략이 달라질 수 있다는 점을 강조하면서 이에 대하여 충분한 토론을 할 수 있도록 유도한다. 다음과 같은 질문을 활용할 수 있다.

"상황에 따라 대처 전략은 달라질 수 있어요. 예를 들어서 친구들이 신체적 폭력을 가해 오는 상황이라면 '그냥 무시한다'라는 방법이 도움이 될 수 있을까요? (아동들의 대답을 듣는다) 아마 도움이 될 수 없을 거예요. 그때는 즉시 주변에 도움을 요청하는 것이 옳은 대처 방법이에요. 물론 '그냥 무시한다'라는 방법이 도움이 될 때도 있지요. 그러면 '그냥 무시한다'와 같은 방법이 도움이 될 수 있는 상황은 언제일까요? (아동들의 대답을 듣는다) 지난 시간에 배운 것처럼 내가 분명히 싫다는 의사를 전달했는데도 불구하고 계속 나를 놀릴 때에는 한두 번쯤 무시해주는 것이 도움이 될 수 있을 거예요. 이렇듯 상황에 따라 적절한 대처법이 달라질 수 있어요."

- '더 열심히 공부한다'와 같은 방법이 그다지 좋지 못한 방법이 될 수 있는 상황은 어떤 상황일까?
- '그냥 무시한다'와 같은 방법이 도움이 될 수 있는 상황은 언제일까?
- 단지 한 가지 방법만이 상황을 해결할 수 있는 유일한 최고의 방법일 수 있을까?
- 많은 아이들이 기분이 가라앉을 때는 외롭다고 느끼는데, 그럴 경우에는 어떤 방법이 도움이 될 수 있을까?

④ 각각 선택하는 대처 전략이 다를 수 있는데 중요한 점은 대처 방법은 다양한 것이 있으므로 한두 가지 전략에만 의존할 필요가 없다는 것임을 인식시킨다.

"또한, 어려운 상황은 한 번에 해결되지 않고 계속될 수 있고 생각한 것보다 오랜 시간 동안 문제를 해결해야 할 수 있어요. 따라서 한 가지 이상의 다양한 대처 방법을 가지고 있는 것이 문제를 해결하는 데 도움이 될 수 있습니다."

⑤ 한 사람씩 나와서 다른 학생들에게 자신이 생각한 스트레스 상황이 어떤 상황인지 설명하고 자신이 선택한 적절한 대처 방법을 설명하도록 한다. 각자 적은 내용을 돌아가면서 발표하고 다른 아동들로부터 피드백을 듣는다. 잘못된 방법이 있는지 살펴보고 더 적절하고 효

율적인 대처법이 있으면 피드백을 해준다.

⑥ 대처 방법의 마지막에는 '주변에 도움 구하기'가 적혀 있다. 모든 해결책의 마지막은 항상 주변에 도움을 청하는 것이라는 점을 인식시킨다.

"여러분의 대처 카드 맨 마지막에는 뭐라고 적혀 있나요? '주변에 도움 구하기'라고 적혀 있지요. 여러분이 취할 수 있는 마지막 대처 방법은 바로 '주변에 도움 구하기'예요."

## 2. 도움 요청의 필요성 인식하기

① 도움을 청하는 것은 모든 방법이 효과가 없거나 여러 가지 대처를 시도해본 적은 없으나 신체적인 위협이 가해지는 경우에 사용하는 방법임을 설명한다. 이때는 선생님이나 기관에 도움을 요청해야 한다는 점을 전달한다.

"주변에 도움을 구해야 하는 경우는 두 가지입니다. 첫째, 이제까지 배웠던 여러 가지 방법을 통해서 노력해도 되지 않을 때, 둘째, 여러 방법을 사용하지 않더라도 신체적으로 위협을 받을 때에는 즉시 주변에 도움을 청해야 해요. 언제 도움을 요청해야 한다고요?" (아동들이 확실히 기억하고 있는지 확인한다)

② 도움을 요청하는 것이 꺼려지는 이유를 자유롭게 들어본 뒤 다음과 같이 정리하여 전달하며, 도움을 요청하는 것이 상당히 어려운 일이라는 점에 대하여 충분히 공감해준다.

"여러분 중에 혹시 주변에 도움을 구하는 것이 꺼려지는 사람이 있나요? (아동들의 대답을 듣는다) 왜 그런가요? (아동들이 대답을 듣는다) 그래요. 그랬군요. 여러분들이 그런 이유 때문에 주변에 여러분의 어려운 상황을 이야기하지 못했다니 정말 힘들었을 것 같아요. 혼자 버텨내느라 두려웠을 것 같고요. 그래요. 여러분이 말해준 것처럼 사람들에게 알려지는 것이 창피해서, 이야기해도 소용없을 거라는 생각에, 일이 커질까 봐, 그리고 아이들이 더 놀릴까 봐 도움을 요청하는 것이 꺼려지는 것이 당연합니다."

③ 도움을 요청하는 것의 필요성에 대하여 이해시킨다.

"하지만, 이 사실을 알리지 않고 계속 참기만 한다면 어떤 일이 벌어질까요? 아이들의 행동이 멈췄나요? (아동들의 대답을 듣는다) 아이들은 행동을 멈추지 않고 오히려 여러분을 더 괴롭힐 수 있고, 여러분은 계속 참기만 하다가 화를 풀지 못해 극도로 흥분해서 크게 다칠 수 있고 결국 큰 싸움으로 번질 수 있겠지요. 또한 그 친구는 나뿐만 아니라 다른 친구들도 계속 괴롭힐 수 있고 잘못된 행동인 줄 모르고 같은 행동을 반복하고 다른 사람을 괴롭히는 아이로 남게 될 거예요. 그런 괴롭힘을 그만두도록 학교 선생님께 도움을 요청해야 합니다. 내 의견을 전달해서 주변에 도움을 요청하는 것은 용기가 필요한 일일 수 있어요. 하지만, 꼭 필요한 일입니다. 도움을 요청하는 것이 도움이 됩니다."

④ 도움을 요청해본 경험이 있는지 들어본다.

"여러분 혹시 도움을 요청해본 적 있나요? (아동들의 대답을 듣는다) 어디에 도움을 요청했나요? (아동들의 대답을 듣는다) 잘했어요. 여러분들도 많이 알고 있군요. 하지만 그곳 말고도 도움을 받을 수 있는 곳이 훨씬 많이 있어요."

## 3. 주변에 도움을 구하는 방법 익히기

① 주변에 도움을 청할 수 있는 곳이 어떤 곳들이 있는지 〈활동지 : 기관 소개지〉를 배포하여 함께 하나씩 읽어본다. 들어본 적이 있거나 알고 있었던 곳이 있는지, 그곳에 대해서 어떻게 알고 있었는지 자유롭게 이야기를 나누도록 한다. 지역 서비스나 상담 전화의 경우 학생들이 잘 알지 못하고 있는 경우가 대다수이므로 이 기관들이나 서비스에 대하여 자세하게 설명을 해준다.

"이 기관들은 여러분의 이야기를 비밀로 해줄 것입니다. 즉, 아무에게도 이야기하지 않는다는 뜻입니다. 이곳에서는 여러분의 말을 믿어주고 여러분의 말에 충격을 받지도 않아요. 이 기관들은 일주일에 수천 건의 전화를 받고 이전에도 여러분과 같은 상황에 있는 사람들을 도와준 경험이 많습니다. 여러분이 바보 같다고 생각하거나 비웃지도 않습니다. 여러분을 안전하게 지켜줄 뿐만 아니라 여러분이 문제를 잘 해결할 수 있도록 처음부터 끝까지 진지하게 도와주는 곳입니다."

② 기관 이외에도 가까운 친구, 부모님 그리고 학교 담임선생님, 상담선생님에게도 알릴 수 있다는 것을 알려준다.

"우선, 친한 친구가 있고 속마음을 털어놓을 수 있는 믿을 만한 친구가 있다면 도움을 요청하세요. 선생님이나 다른 기관에 함께 가 달라고 부탁할 수도 있습니다. 마땅한 친구가 없다면, 여러분이 알고 있던 좋아하는 선생님을 찾아가보세요. 학교 상담선생님에게

도 말할 수 있습니다. 학교의 상담선생님들은 여러분의 이야기를 비밀로 지켜주는 것을 원칙으로 합니다. 하지만, 학교 상담선생님 혼자 문제를 해결할 수 없는 경우 응급기관과 협력을 하거나 여러분이 심각하게 해를 입거나 다치지 않게 하기 위해서 다른 사람에게 알려 함께 여러분을 도와주기도 합니다."

③ 〈활동지 : 나만의 도움 카드〉를 배포한 뒤 본인이 연락하고 싶은 기관과 연락하고 싶은 주변의 사람들을 적어보도록 한다.

④ 각자 작성한 〈활동지 : 나만의 도움 카드〉는 본인이 항상 소지품과 함께 가지고 다닐 수 있도록 코팅하여 배포해준다.

## 4. 도움 요청하는 방법 익히기

① 다음의 상황을 학생들에게 설명해준다.

---

A. 친구들이 신체적으로 위협을 가하는 상황

수현이는 반 짝인 석호의 심부름을 하고 있다. 매번 자신의 준비물을 챙겨오게 하더니 이제는 하교시간마다 동네 놀이터에 끌고 가서 가지고 있는 돈을 내놓으라며 협박을 한다. 경석이가 싫다고 저항했더니 석호는 다른 친구들을 불러와서는 경석이를 발로 차고 주먹으로 얼굴을 때리기도 한다. 이 일을 다른 사람에게 알리면 무서운 일을 당할 줄 알라며 숨겨두었던 칼을 꺼내 보이기도 한다. 주변 사람에게 도움을 청해야 할 것 같은데 어떻게 말해야 할지 모르겠다.

B. 친구가 어려움에 빠졌을 때 도움을 주어야 하는 상황

연희와 재현이는 매우 친한 사이다. 연희의 부모님은 최근에 이혼을 했다. 연희는 이런 사실을 재현이에게 말하면서 절대로 비밀로 지켜달라고 했다. 하지만 재현이가 보기에는 연희의 부모님이 이혼을 한 이후부터 연희가 학교에서 말썽을 일으키고 숙제를 하지 않으며 때로는 결석이나 지각을 하기도 하는 것을 알게 되었다. 친구들 사이에서도 바보처럼 굴거나 아무것도 아닌 일로 싸움을 하기도 하는 것을 보게 되었다.

---

② 각각의 시나리오의 경우를 상상하면서 각각의 경우 어떻게 주변 사람들에게 알릴 수 있

을지 생각해보도록 한다. 〈활동지 : 도움 구하기〉를 두 장씩 복사해서 각각의 경우 처음 말을 꺼낼 때 어떻게 말을 시작할 수 있을지 문구들을 적어보도록 한다.

## 정리 및 평가

① 프로그램 내용을 정리한다.

"함께 작성한 대처 카드를 토대로 여러분이 처한 어려운 상황에서 여러분이 준비한 대로 현명하게 대처해 나갈 수 있을 거라고 믿어요. 지금 이렇게 준비한 것 이외에도 앞으로 여러 가지 갈등 상황이 있겠지만 그런 상황에서도 이제까지 우리가 연습했던 것을 잘 활용해서 현명하게 대처할 수 있도록 노력해보세요. 그리고 마지막 단계에는 주변에 도움을 요청해야 한다는 것을 명심하세요. 조금만 용기를 내서 도움을 요청하면 도움을 받을 수 있는 곳은 주변에 많답니다. 또 오늘 만든 〈나만의 도움 카드〉는 항상 가지고 다니세요. 그러면, 내가 힘든 경우뿐만 아니라 주변의 힘든 친구들을 보게 될 때 도움을 줄 수 있어서 유용하게 사용할 수 있을 거예요."

② 질문을 받고 이 시간을 통해 느낀 점을 발표해보도록 한다.

③ 다음 시간에 대하여 소개한다.

"다음 시간에는 친해지고 싶은 친구들에게 다가가는 방법과 같은 친구 사귀는 방법에 대해서 배워 볼 거예요."

참고    〈나만의 도움 카드〉와 〈나만의 대처 방법 나무 만들기〉는 진행자가 수거한 뒤 코팅을 하여 재배포하면 아이들이 들고 다니면서 유용하게 활용할 수 있다.

## 숙제

〈활동지 : 오늘은 뭘 배웠나요? (여섯 번째 시간)〉를 나누어주고 일주일 동안 학교나 학원, 가정에서 친구들과 어떤 문제가 생겼는지, 그 상황에서 어떻게 해결했는지, 결과는 어땠는지를 적어 오도록 한다.

**나만의 대처 방법 나무 만들기**

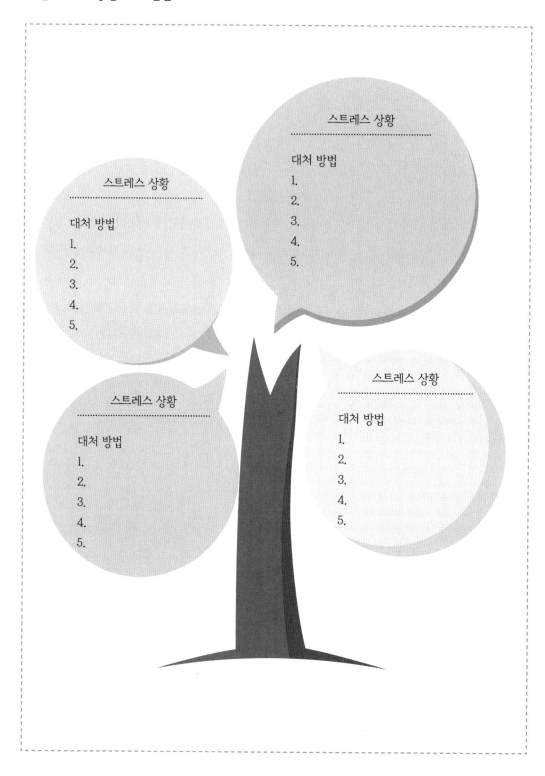

대처 카드

잠깐맨을 속으로 외치며
1부터 10까지 천천히 세어본다.

내 감정이 어떤 상태인지를
곰곰이 생각해본다.

상황을 다르게 볼 수 없는지
생각해본다.

신나는 노래를 불러본다.

위험한 곳으로는
지나다니지 않도록 한다.

친구가 왜 그랬을까
잘 생각해본다.

친구의 비난하는 나와
실제의 나는 다르다고
생각한다.

내가 왜 화가 났는지
생각해본다.

대처 카드

| | |
|---|---|
| 친구를 위로한다. | 친구들의 지적에<br>내가 바꿀 수 있는 부분은<br>바꾸도록 노력해본다. |
| 옷을 깨끗하게<br>입고 다닌다. | 어려움에 처해 있는<br>친구에게 도움을 준다. |
| 친구의 장점을 발견하고<br>칭찬해준다. | 먼저 반갑게 인사한다. |
| 잘못한 일이 있으면<br>'미안해'라고 사과한다. | 도움을 준 친구에게<br>고맙다고 말한다. |

대처 카드

| | |
|---|---|
| 친구에게 이래라저래라<br>명령하지 않는다. | 친구의 기분 상태를<br>살펴본다. |
| 친구들의 지적에서<br>내가 고칠 부분은 없는지<br>생각해본다. | 부당한 요구이므로<br>부드럽게 거절한다. |
| 나의 입장을<br>분명하게 전달한다. | 친구가 하는 말을<br>주의 깊게 듣는다. |
| 상대방이 왜 화가 났을까<br>잘 생각해본다. | 하는 일의 우선순위를 정한다<br>(가장 중요한 일을<br>제일 먼저 한다). |

대처 카드

| | |
|---|---|
| 상대방에게 그 일이<br>내게 얼마나<br>힘든 일인지 말해본다. | 내가 좋아하는 사람을<br>찾아간다. |
| 부모님에게<br>도움을 요청한다. | 계획을 세운다<br>(무슨 일을 해야 하는지<br>혹은 어떻게<br>해야 하는지 계획을 세운다). |
| 그 일에 대하여<br>글로 적어본다. | 잠깐맨을 속으로 외치며<br>1부터 10까지 천천히 세어본다. |
| 내 감정이 어떤 상태인지를<br>곰곰이 생각해본다. | 형사 콜롬보가 되어<br>내가 상황을<br>잘못 보는 것은 아닌지<br>곰곰이 생각해본다. |

대처 카드

| | |
|---|---|
| 나 자신의 말과 행동을 돌아본다. | 기죽지 않는다. |
| 친구들의 말이나 행동에 예민하게 반응하지 않는다. | '그만해'라고 부드럽고 단호하게 말한다. |
| 위험한 자리는 가급적 피한다. | 안전한 곳으로 다닌다. |
| 친구에게 어려움을 털어놓는다. | 복수하고 싶어도 먼저 폭력을 사용하지 않는다. |

대처 카드

| | |
|---|---|
| 사람들을 피한다<br>(말을 하지 않거나<br>다른 친구들과<br>함께 있지 않는다). | 아무에게도<br>말하지 않고 참는다. |
| 도망가는 공상을 한다. | 음식을 많이 먹어<br>스트레스를 해소한다. |
| 싸워서 이긴다. | 아무 일도 없었던 척한다. |
| 동생에게 짜증을 낸다. | 물건을 던지면서<br>화풀이를 한다. |

대처 카드

|  |  |
|---|---|
| 잠을 많이 잔다. | 친구에게 전화한다. |
| 동생에게 짜증을 낸다. | 물건을 던지면서<br>화풀이를 한다. |
| 강아지를 데리고<br>산책을 간다. | 평소에 갖고 싶었던<br>예쁜 물건이나 장난감을 산다. |
| 기도한다. | 그림을 그린다. |

대처 카드

| | |
|---|---|
| 명상을 한다. | 춤을 추며 기분을 전환한다. |
| 잠을 잔다. | TV를 본다. |
| 바람을 쐰다. | 강아지를 데리고<br>산책을 나간다. |
| 기분 좋은 노래를 불러본다. | 달리기를 한다. |

대처 카드

앞으로 더 나아질 거라고
긍정적으로 생각한다.

나의 장점을 찾아본다.

몸을 깨끗하게 하고 다니고
옷도 말끔하고
단정하게 입어본다.

친구에게 조언을 구한다.

'나는 할 수 있다'
라고 생각한다.

'그럴 수도 있지'
하고 생각한다.

모든 친구들이
나를 좋아할 필요는
없다고 생각한다.

나의 장점을 찾아보고
자신감을 갖는다.

대처 카드

| | |
|---|---|
| 학교 수업을 빼 먹는다. | 하던 일을 그만둔다<br>(팀 활동을 그만둔다,<br>학원을 가지 않는다). |
| 나는 정말 형편없는<br>아이라고 생각한다. | 죽고 싶다는 생각을 한다. |
| 친구를 격려해준다. | 친구들의 말하는 나와<br>실제의 나를 구별하여 생각한다. |

## 도움 구하기

선생님이나 어른에게 도움이 필요하다는 것을 직접 말할 때

힘들어하는 친구에게 어려운 일이 있으면 도움을 청해보라고 권유할 때

기관 소개지

## 1. 여성 아동 청소년 경찰 지원 센터
- 전화 : 117
- 상담 시간 : 24시간
- 상담자의 경력 및 전공 분야 : 경찰 상담 관련
- 개입 범위

   지지 상담

   문제 해결 상담, 법률 및 의료 정보 제공

   신변 보호 지원

   학교 폭력 상황 조사(피해자, 가해자 조사)

   학교 폭력 분쟁 지원

   치료 연계 및 치료비 지원

   one-stop 지원센터 운영(경찰병원을 비롯한 전국 각 지역 소속 병원과 연관하여 정신과치료를 포함한 치료비 지원)

## 2. 청소년 긴급 전화 1388
- 전화 : 1388
- 상담 시간 : 24시간
- 상담자의 경력 및 전공 분야 : 상담심리 전공 석사 이상
- 개입 범위

   지지 상담

   문제 해결 상담, 신변 보호 지원 및 출동 서비스

   학교 폭력 분쟁 지원

   학교 폭력 상황 조사

## 3. 청소년 폭력 예방 재단
- 전화 : 1588−9128
- 상담 시간 : 평일(오전 9시~밤 10시), 토요일(오전 9시~오후 1시)
- 상담자의 경력 및 전공 분야 : 상담심리 전공 석사 이상, 사회복지청소년상담 석사 이상
- 개입 범위

   지지 상담

   문제 해결 상담, 법률 및 의료 정보 제공

   신변 보호 지원

   학교 폭력 분쟁 지원

   학교 폭력 상황 조사

   치료 연계 및 치료비 지원

### 4. 청소년희망재단

- 전화 : 3291-3634~5
- 상담 시간 : 평일(오전 9시~오후 6시)
- 상담자의 경력 및 전공 분야 : 청소년 관련 박사학위 소지자 이상
- 개입 범위

  개인 상담

  문제 해결 상담, 위기 시 병원 연계

### 5. 서울시소아청소년광역정신보건센터

- 전화 : 2231-2188
- 상담 시간 : 평일(오전 9시~오후 6시)
- 상담자의 경력 및 전공 분야 : 정신보건전문요원
- 개입 범위

  지지 상담(1회 무료 상담-소아정신과 전문의)

  문제 해결 상담, 치료 연계

  지역 사회 정신보건센터 연계(개인 상담 및 상황 관리에 개별 도움)

### 6. 왕따닷컴

- 상담 시간 : 평일(오전 9시~밤 10시), 토요일(오전 9시~오후 1시)
- 상담자의 경력 및 전공 분야 : 청소년 관련 교육 이수자
- 개입 범위

  게시판 비밀 상담

  채팅 상담

### 7. 학교폭력피해자가족협의회

- 사이트 : www.uri-i.or.kr
- 개입 범위

  게시판 상담

### 8. 자녀 안심하고 학교보내기 운동 국민재단

- 사이트 : www.1318love.net
- 상담 시간 : 평일(오전 9시~오후 6시), 월수금 : 밤 9시~밤 12시)
- 개입 범위

  전화상담

  게시판 비밀 상담

  채팅 예약 상담

**나만의 도움 카드**

이름 _____

연락할 친구

1. 이름 : _____     연락처 : _____
2. 이름 : _____     연락처 : _____

학교에서 이야기하기 좋은 선생님

1. 성함 : _____     연락처 : _____
2. 성함 : _____     연락처 : _____

학교 상담선생님

1. 성함 : _____     연락처 : _____

지역 서비스

1. _____     연락처 : _____
2. _____     연락처 : _____
3. _____     연락처 : _____
4. _____     연락처 : _____
5. _____     연락처 : _____

상담 전화

1. 연락처 : _____
2. 연락처 : _____
3. 연락처 : _____

# 오늘은 뭘 배웠나요?

이번 시간까지 친구가 놀리거나 괴롭힐 때, 혹은 친구와 문제가 생겼을 때 해결하는 방법에 대해서 배웠습니다. 일주일 동안 학교나 학원, 가정에서 친구들과 어떤 문제가 생겼는지, 그 상황에서 나는 어떻게 해결했는지, 결과는 어땠는지를 적어보세요.

| 번호 | 날짜 | 누구와 | 어떤 문제로 | 어떻게 해결했는지 | 결과 |
|------|------|--------|-------------|-------------------|------|
| 1 | | | | | |
| 2 | | | | | |
| 3 | | | | | |

다음 시간에 자신이 경험한 것을 발표해봅시다.
과제를 적어 오고 발표를 하면 스티커를 2배로 줍니다. 파이팅~!!

## 친구 사귀기 I-다가가기

**목표**

- 친구를 사귀는 방법을 배워본다.
- 친구들에게 다가가는 구체적인 기술을 습득한다.

**준비물**

- 활동지 : 잘못된 접근 방법 I, II
- 활동지 : 긍정적 사고 연습지
- 활동지 : 긍정적 사고의 예
- 활동지 : 접근하기 I, II
- 활동지 : 역할연기 카드 I, II
- 활동지 : 대체 기술
- 활동지 : 오늘은 뭘 배웠나요?(일곱 번째 시간)

### 도입

① 지난 시간을 간단히 복습한다.

"지난 시간까지는 우리가 갈등 상황에 처해 있을 때 어떻게 하면 현명하게 대처할 수 있는지 배워봤죠. 혼자서 해결할 수 없을 경우 주변에 도움을 받을 수 있는 곳도 미리 알아둘 수 있었어요."

② 간단하게 〈눈 마주치기 게임〉을 진행한다.

ㄱ. 집단원은 빙 둘러앉고 술래가 자리에서 일어나 돌아다니며 집단원 중 한 사람을 지목하며 '자리가 있습니까?'라고 묻는다.

ㄴ. 상대방이 '있습니다'라고 하면 다른 자리를 찾아야 하며 '없습니다'라고 하면 '없습니다'라고 한 사람과 위치를 바꾸어야 한다. 그 외 집단원들은 서로 바라보고 있다가 눈이 마주치면 서로의 자리를 바꾸어야 한다.

ㄷ. 이때 서로 자리를 바꾸는 동안 빈자리가 생기면 술래는 아무 곳이라도 빈자리가 생기는 곳으로 들어갈 수 있다. 또한 술래는 '방 빼'를 명령할 수 있는데 그러면 모두가 자리를 바꾸어야 한다.

③ 눈 마주치는 것이 어렵진 않았는지, 서로 눈이 마주쳤을 때 기분이 어땠는지 이야기를 자연스럽게 나누어본다. 그리고 이번 시간에 대해서 설명한다.

"이번 시간에는 구체적으로 사귀고 싶은 친구들에게 어떻게 하면 거부감 없이 다가갈 수 있을지를 배워보는 시간을 가져보겠습니다."

## 내용

### 1. 잘못된 접근 방법에 대한 인식

① 자신이 친구들에게 접근하는 방법에 대하여 돌아보는 시간을 갖는다. 〈활동지 : 잘못된 접근 방법 I〉을 보며 내가 친구들에게 했던 방법이 있지는 않은지 생각해보도록 한다.

② 자료를 본 뒤 이런 방식들의 문제점이 무엇인지를 살펴보도록 한다.

"자, 만화를 보면서 여러분은 어떤 생각들을 했나요? 혹시 '어, 저게 바로 난데~'라면서 속으로 찔렸던 친구들도 있을 수 있고, 내 친구의 모습과 똑같다는 생각이 들기도 했을 거예요. 만화 속의 주인공은 그저 친해지고 싶은 마음이 있었을 뿐 자신의 친구들을 불쾌하게 하는 것이라고 생각하지 못할 거예요. 이제 슬라이드를 보면서 다시 생각해볼게요."

③ 자료를 보면서 내 행동을 상대방이 어떻게 받아들일 수 있는지를 생각해보도록 한다.

"'툭' 건드리는 행동을 하는 사람은 '관심'의 표현이지만 상대방에게는 '때리는 행동'으로 여겨질 수 있겠죠. 별명을 부르는 것은 친근감의 표현이라고 생각할지 몰라도 상대방은 자신을 '놀린다'고 생각하게 돼요. 불쑥 끼어드는 행동 역시 친구들과 어울리고 싶은 마음을 표현하는 것이지만 상대방은 자기가 하는 일을 방해한다고 생각할 수 있죠. 언제나 행동할 때는 상대방이 어떻게 느낄지 상대방 입장을 생각해보는 것이 필요합니다."

④ 〈활동지 : 잘못된 접근 방법 Ⅱ〉를 보며 내가 친구들에게 했던 방법이 있지는 않은지 생각해보도록 한다.

⑤ 자료를 본 뒤 이 방식의 문제점들이 무엇인지를 살펴보도록 한다.

"자, 슬라이드를 보면서 여러분은 어떤 생각들을 했나요? 부정적인 내 생각이 내 기분을 우울하고 위축되게 만들고 행동도 소극적으로 하게 만든다는 것을 알게 되었을 거예요. 혹시 '어, 저게 바로 난데~'라면서 속으로 찔렸던 친구들도 있을 수 있지요? 나는 친구들이 나를 거절할까 봐 다가가지 못한다고 생각하지만 막상 친구들은 여러분들이 나를 싫어해서 나에게 다가오지 않는다고 생각할 수도 있어요. 누구나 서로 친해지고 싶다는 마음을 나눌 수 있을 때 쉽게 친해질 수 있답니다."

## 2. 잘못된 인식 수정하기

① 〈활동지 : 잘못된 접근 방법 Ⅱ〉의 부정적인 생각들을 긍정적인 생각으로 바꾸어보도록 한다.

"자, 이 만화에서 주인공은 무슨 생각을 했기에 우물쭈물하고 있었을까요? '나를 좋아하지 않을 거야, 날 이상하게 볼 거야'와 같은 바로 '부정적인 생각'을 했기 때문에 더욱 위축되고 친구들에게 다가가지 못했겠지요. 친구를 사귀기 위해서는 이런 모든 부정적인 생각들을 버려야 해요. 자, 이제 이 부정적인 생각들을 긍정적인 생각으로 바꿔보도록 해요. 어떤 말들로 바꿔볼 수 있을까요?

② 긍정적으로 생각을 바꿀 경우 행동이 어떻게 달라질 수 있을지 발표해보도록 한다. 적절한 답이 나올 경우 다음으로 연결하여 진행한다.

"여러분이 생각하는 그런 긍정적인 생각으로 바꾸어 생각하면 친구들에게 다가갈 때 조금 더 용기가 나고 훨씬 쉬워질 거예요."

③ 내용들을 종합한 뒤 〈활동지 : 긍정적 사고 연습지〉를 보면서 부정적인 생각을 희망 있는 생각으로 바꿔보는 연습을 해보도록 한다. 〈활동지 : 긍정적 사고의 예〉를 제시하여 아동들이 활용할 수 있도록 돕는다.

### 3. 바람직한 접근 방법 익히기

① 친구에게 효과적으로 접근하기 위해서는 어떻게 해야 할지 자유롭게 발표해보도록 한다. 내용들을 종합한 뒤 아래의 내용을 바탕으로 〈활동지 : 접근하기 I, II〉를 보며 기술을 소개한다.

"그렇다면 친구들에게 거부감을 주지 않고 자연스럽게 접근할 수 있는 방법에는 어떤 것이 있을까요?"

② 개인에게 접근하는 적절한 시작 행동의 예시들을 〈활동지 : 접근하기 I〉을 통해 제시한다. 처음으로 친구들에게 접근하여 이야기할 때 사용할 수 있는 문구들이 정리되어 있는 〈활동지 : 대체 기술〉을 나누어주어 다양한 방법이나 멘트를 활용할 수 있도록 한다. 이 접근 방법들은 현재 상황에 대해서 이야기하기, 과거 상황에 대해서 물어보기, 앞으로 벌어질 일에 대하여 물어보기 혹은 상대방의 관심사에 대해서 물어보기 등으로 구분하여 볼 수 있으므로 이를 구두로 구분하여 설명해주면 아동들의 이해도를 높일 수 있다.

③ 집단에 접근하는 시작 행동의 예시들을 〈활동지 : 접근하기 II〉를 통해 제시한다.

④ 각 모둠별로 〈활동지 : 역할연기 카드 I〉, 〈활동지 : 역할연기 카드 II〉의 상황 중 한 가지 상황을 선택하여 접근하는 연기를 해보도록 한다.

⑤ 한 모둠이 발표할 때 나머지 모둠은 발표를 지켜보면서 다음의 방법이 효과적이었는지 평가해보도록 하고, 잘못된 접근 방법과 결과가 어떻게 다른지를 비교해보도록 한다.

## 정리 및 평가

① 회기를 정리한 뒤 소감을 들어본다.
② 다음 회기의 내용을 간단히 소개한 뒤 회기를 마친다.

## 숙제

학교 상황이나 가정 상황에서 새로운 친구를 사귀어보도록 격려하고, 새로운 친구를 사귀었을 경우 어떠한 방법으로 접근했는지 적어 와서 다음 시간에 발표를 할 수 있도록 한다〈활동지 : 오늘은 뭘 배웠나요?(일곱 번째 시간)〉).

## 잘못된 접근 방법 I

## 잘못된 접근 방법 II

긍정적 사고 연습지

긍정적 사고 연습지 (계속)

긍정적 사고 연습지 (계속)

긍정적 사고 연습지 (계속)

## 긍정적 사고의 예

'다른 사람도 두려움을 겪는다. 나만 두려운 게 아냐.'

'처음이 어렵지 한번 해보면 쉬울 수 있어.'

'친구들이 거절한다고 하더라도 일단 최선을 다해보자.'

'거절당할 수도 있지만 적극적으로 요청해보자.'

'이번에 거절당해도 다음에는 거절하지 않을 수 있고 차차 나아질 거야.'

'분위기에 따라 어쩔 수 없이 사람들이 거절할 수 있잖아.'

'내가 한 말을 못 들었을 수도 있어.'

'오늘은 기분이 안 좋아서 그럴 수 있어.'

# 접근하기 I

마음에 드는 친구가 있는지 본다

친구의 행동이나 일이 멈춰질 때까지 기다린다

친구의 이름을 부르며 간단한 인사를 건넨다

안녕, 무슨 책 읽고 있어?
같이 잠깐 놀 수 있어?

하고 싶은 말을 한다

응, 나 그리며여행하기
읽고 있어 ~
~ 그런가, 재미있겠다

# 접근하기 II

**역할연기 카드 Ⅰ**

새 학기가 되어 새 짝이 생겼는데 어색해서 말하기가 어렵다.

미술시간이나 음악시간 등의 수업시간 전 준비물이 필요한데
어찌해야 할지 모르겠다.

친해지고 싶은 친구가 내 옆을 지나가고 있다. 말을 걸고 싶다.

○○이가 준비물을 가져오지 않았는지 얼굴이 빨개진 채 당황해하고 있다.

**역할연기 카드 Ⅱ**

쉬는 시간에 친구들 몇 명이 최근에 뜨는 가수들에 대해서 이야기하고 있다. 그런데
애들이 너무나 신나게 이야기하고 있어서 쉽게 끼어들 수 있을 것 같지 않다.

컴퓨터실에 갔는데 친구가 컴퓨터로 자동차경주를 하고 있었다.
그런데 나도 그 게임에 참여하고 싶다.

하굣길에 같은 반 친구 세 명이 즐겁게 이야기를 하면서 가고 있다.
친구들과 함께 이야기를 나누고 싶다.

아이들이 모여서 축구를 하고 있다. 재미있어 보여 나도 끼어서 같이 하고 싶다.

대체 기술

| | |
|---|---|
| 주말에 뭐 했어? | 최근에 ○○게임 해본 적 있니? |
| 오늘 입고 온 옷이<br>멋지다~ | 내가 좀 도와줄까? |
| 준비물 안 가져왔니?<br>내 것 같이 쓸래? | 너 정말 ○○를 잘하는구나 |
| 혹시 ○○에 대해서<br>이야기하고 있었니? | 어제 TV에서 ○○봤니? |
| 다음 순서에<br>나도 들어가도 될까? | 뭐 하는 거야?<br>재밌어 보인다. |
| 부탁 좀 해도 될까? | 오늘 체육시간엔 뭐 한대? |
| 졸립다~ 넌 졸립지 않니? | 그거 어떻게 하는 거야? |
| 넌 어디 사니?<br>집에 같이 갈래? | 과자 같이 먹을래? |

# 오늘은 뭘 배웠나요?

이번 시간에는 새로운 친구를 사귀는 방법에 대해서 배웠습니다. 학교에서, 학원에서 혹은 놀이터에서 사귀고 싶은 친구를 찾아보세요. 이번 시간에 배운 방법을 활용하여 그 친구에게 접근해보세요. 새로 사귀게 된 친구와 그 친구를 어떻게 해서 사귀게 되었는지 적어보세요.

| 번호 | 날짜 | 상황 | 나의 행동 | 친구들 반응 혹은 결과 |
|------|------|------|-----------|----------------------|
| 1 | | | | |
| 2 | | | | |
| 3 | | | | |

다음 시간에 자신이 경험한 것을 발표해봅시다.
과제를 적어 오고 발표를 하면 스티커를 2배로 줍니다. 파이팅~!!

# 친구 사귀기 Ⅱ-경청과 대화

### 목표

- 친구관계를 유지하는 데 필요한 대화 기술을 익히도록 한다.

### 준비물

- 활동지 : 어기역차
- 활동지 : 어기역차 상황극 대본
- 활동지 : 민감한 주제 피하기
- 활동지 : 오늘은 뭘 배웠나요?(여덟 번째 시간)

## 도입

① 숙제를 서로 돌아가며 발표하면서 지난 시간을 복습한다.

"지난 시간에는 친구에게 처음 말을 거는 방법을 배워봤지요. 지난 시간 숙제 해 왔나요? 누가 먼저 발표해볼까요?"

② 간단하게 〈빈 의자 채우기 게임〉을 한다.

ㄱ. 원을 만들고 지난 시간 내용을 간단히 정리하고, 숙제를 간단하게 발표한다.

ㄴ. 추가로 의자 하나를 더 넣는다.

ㄷ. 빈 의자 옆에 앉은 두 사람이 손을 잡고 빈 의자에 앉힐 한 사람을 데리고 온다.

ㄹ. 다시 빈 의자가 생기면 그 의자 옆의 두 사람이 다시 그곳에 앉힐 사람을 데리고 온다.

ㅁ. 음악에 맞추어 진행을 하다가 음악이 끝나면 게임을 종료한다.

③ 옆에 앉은 두 사람끼리 짝을 맺는다. 짝을 맺은 두 사람은 다음의 주제를 가지고 서로 이야기를 해보도록 한다. 시간은 2~3분 정도 허용된다.

주말에 가장 하고 싶은 일과 가장 하기 싫은 일

가장 좋아하는 음식

요즘 가장 재미있게 놀았던 기억

어렸을 때 가장 즐거웠던 기억

어렸을 때 가장 슬펐던 기억

④ 이야기가 끝나면 다음의 질문을 하도록 한다.

- 잘 모르는 아이나 이전에 이야기를 해본 적 없는 아이들에게 다가가서 말을 할 때 어떤 생각과 감정이 떠올랐나?
- 상대방에게 다가가서 대화를 시작하는 것이 한결 쉬워지는 방법은 무엇이 있을까?
- 상대방에게 다가가서 대화를 시작하는 것을 어렵게 만드는 것은 무엇이 있을까?
- 어떻게 하면 우리는 상대방이 환영을 받는다는 기분을 느끼게 할 수 있을까?
- 어떻게 하면 우리는 상대방이 거절당하는 기분을 느끼게 할 수 있을까?

⑤ 상기의 질문을 통해 친구에게 적절하게 접근할 수 있는 방법에 대한 적절한 대답이 나올 경우 이에 대하여 스티커를 부여한다. 그리고 이번 시간에 대하여 소개한다.

"이번 시간에는 친구에게 말을 걸고 난 뒤 어떻게 대화를 이끌어 나가는지, 대화에서 꺼내면 안 되는 주제는 무엇인지를 알아보도록 하겠어요."

## 내용

### 1. 경청의 필요성 인식하기

① 옆에 앉은 두 사람끼리 짝을 맺고 말하는 사람과 듣는 사람을 정한다. 짝을 맺은 두 사람은 자신의 경험 중 기분이 상했던 일에 대하여 이야기를 해본다. 최근에 부모님이나 선생님으로부터 꾸중을 들었던 일이나 친구 사이에서 있었던 안 좋은 일에 대하여 이야기하는 것도 좋다.

② 들어 주는 사람은 우선 이야기를 잘 안 들어 주기 역할을 해본다.

③ 안 들어 주기가 끝난 후 적극적으로 잘 들어 주기를 한다.

④ 서로 역할을 바꾸어보도록 한다.

⑤ 잘 들어줄 때와 안 들어줄 때의 차이에 대해서 하나하나 짚어보도록 한다. 다음의 질문을 활용할 수 있다.

● 어떻게 할 때 상대방이 내 이야기를 귀 기울여 듣는다는 느낌을 가질 수 있을까?
● 어떻게 할 때 상대방이 내 이야기를 귀담아 듣지 않는다는 기분을 느끼게 될까?

## 2. 경청 기술 배우기

① 친구의 이야기를 듣는 기본자세에 대하여 설명한다.

"친구의 이야기를 들어 주는 것이 얼마나 중요한지 잘 느껴보았나요? 잘 들어 주기 위해서는 어떤 마음가짐이 필요한지 되새겨보면서 경청의 기본자세인 〈어기역차〉에 대해서 설명해볼게요."

---

**어 : 어떤 이야기인지 잘 들어 줍니다.**
　　1단계 : 네가 그렇게 말하는 것을 들어보니, 뭔가 그럴 만한 이유가 있는 것 같다.
　　2단계 : 좀 더 네 생각을 이야기해주겠니? (친구의 말을 좀 더 들어 줍니다.)

**기 : 기분을 이해해줍니다.**
　　3단계 : 그래서 네가 그렇게 기분이 안 좋았구나.

**역 : 역지사지(공감)해봅니다.**
　　4단계 : 네 입장에서 생각해보니 그럴 수도 있을 것 같아.
　　(친구의 입장에서 생각하고 이해해봅니다.)

**차 : 차이가 있음을 인정합니다.**
　　5단계 : 그래도 만약 내가 네 상황이라면 좀 다르게 해볼 것 같아. 이렇게…
　　(친구와 다른 나의 생각 전달하기)
　　6단계 : 나는 ~라고 생각하거든. 그런데 네 말이 맞을 수도 있다고 생각해.
　　(생각의 차이 인정하기)

---

② 〈활동지 : 어기역차〉의 내용을 다시 한 번 확인한다.

"여러분 잘 배웠는지 한번 확인해볼까요? 자, '어'는 무엇이었죠? '기'는 무엇이었죠? '역!'은 무엇이었죠? '차'는 무엇이었죠? 다함께 외워볼까요? 만약 친구에게 다가가서 나의 관심사만 이야기하면 될까요? 대화를 할 때에는 내 이야기만 늘어놓기보다는 상대방의 이야기를 주의 깊게 듣는 것이 중요합니다."

③ 역할극으로 배운 어기역차의 방법을 가지고 연습해보도록 한다. 〈활동지 : 어기역차 상황 카드〉를 나누어주어 두 사람씩 짝을 지어 한 사람은 학교 폭력 가해자의 입장에서, 한 사람은 피해자의 입장에서 대화를 이끌어 가게 한다.

④ 빈칸에 적절한 대화 내용을 모둠별로 작성해서 발표를 해보도록 한다. 2명을 모둠으로 구성하여 각각 A와 B의 역할을 맡아 발표를 해보도록 한다.

⑤ 대화를 하면서 앞에서 습득한 기술을 잘 사용하고 있는지를 나중에 피드백해준다.

⑥ 상대방이 배운 기술을 잘 활용한 경우 어떤 점을 느꼈는지, 기분은 어떠했는지, 상대방의 기분은 어떠했는지를 들어보도록 한다.

## 3. 민감한 주제 피하기

① 친구 사이의 대화의 주제를 삼을 때 피해야 할 주제에 대해서 알아보도록 한다. 민감한 주제는 상대방의 약점이나 단점을 건드려서 상대방의 기분을 상하게 하거나 당황스럽게 할 수 있는 주제들이다.

"이야기를 잘 들어 주는 것이 생각보다 쉽지 않지요? 자, 친구의 이야기를 할 때 친구의 마음을 이해했다는 것을 전달해주는 것이 가장 어려울 것 같아요. 여기에는 여러분이 친구들과 대화할 때 할 수 있는 말들이 적혀 있어요. 카드의 내용을 잘 살펴보면 친구의 약점이나 단점을 건드려서 상대방의 기분을 상하게 할 수 있는 주제들이 있어요. 이제 게임을 통해서 이 주제가 민감한 주제인지 아닌지를 구분해보도록 하겠어요."

② 민감한 주제와 민감하지 않은 적당한 주제들을 구분하는 연습을 게임을 통해 진행해보도록 한다. 교실을 반으로 나누어 왼쪽은 O공간, 오른쪽은 ×공간으로 만들어둔다. 〈활동지 : 민감한 주제 피하기〉의 문구를 읽어주면 그 상황이 민감하지 않아서 대화주제로 삼을 수 있

는 경우에는 ○쪽으로, 민감해서 대화주제로 삼아서는 안 되는 경우에는 ×쪽으로 이동하도록 한다.

"자, 이런 이야기는 하면 안 돼요! 하는 것은 ×쪽으로, 이런 이야기는 괜찮아요! 하는 것은 ○쪽으로 이동하는 거예요. 틀린 사람들은 탈락하게 되고 마지막까지 남는 사람에게 스티커를 주겠어요."

③ 모두 다 탈락하는 경우 '패자부활전'을 해서 다시 참여할 수 있도록 한다.

### 4. 역할극으로 적용해보기

① 역할극으로 배운 기술을 연습해보도록 한다. 두 사람씩 짝을 지어 대화를 이끌어가게 한다. 대화를 하면서 앞에서 습득한 기술을 잘 사용하고 있는지를 나중에 피드백해준다.

② 상대방이 배운 기술을 잘 활용한 경우 어떤 점을 느꼈는지, 기분은 어떠했는지, 상대방의 기분은 어떠했는지를 들어보도록 한다.

## 정리 및 평가

① 친구나 엄마, 아빠, 동생, 형 등과 한 가지 주제를 정해 대화를 나누어보고 어떤 식으로 진행이 되었는지를 간단히 기록하여 다음 시간에 발표를 해보도록 한다.

② 이번 회기를 평가한 뒤 정리한다.

## 숙제

〈활동지 : 오늘은 뭘 배웠나요? (여덟 번째 시간)〉를 나누어주고 일주일간 친구들이나 가족들과 대화하면서 어떤 자세로 이야기를 들었으며 상대방의 반응은 어떠했는지 결과를 적어보도록 한다. 만약 효과적이지 않았다면 어떻게 전달하는 것이 합리적인 방법이었을지 생각하여 적어 오도록 한다.

**어기역차**

어 : 어떤 이야기인지 잘 들어 줍니다.

    1단계 : 네가 그렇게 말하는 것을 들어보니, 뭔가 그럴 만한 이유가 있는 것 같다.

    2단계 : 좀 더 네 생각을 이야기해주겠니? (친구의 말을 좀 더 들어 줍니다.)

기 : 기분을 이해해줍니다.

    3단계 : 그래서 네가 그렇게 기분이 안 좋았구나.

역 : 역지사지(공감)해봅니다.

    4단계 : 네 입장에서 생각해보니 그럴 수도 있을 것 같아.
            (친구의 입장에서 생각하고 이해해봅니다)

차 : 차이가 있음을 인정합니다.

    5단계 : 그래도 만약 내가 네 상황이라면 좀 다르게 해볼 것 같아. 이렇게…
            (친구와 다른 나의 생각 전달하기)

    6단계 : 나는 ~~ 라고 생각하거든. 그런데 네 말이 맞을 수도 있다고 생각해.
            (생각의 차이 인정하기)

어기역차 상황극 대본

<상황>

A는 B와 친하게 지냈다. 그런데 새로 C가 전학 온 이후로 C와 놀면서 자연스럽게 A가 B에게서 멀어졌다. 정말 기분이 나빴지만 무슨 이유 때문인지 알 수가 없다. B는 A에게 다가가서 대화를 해보기로 했다.

A : ○○야, 잠깐 말 좀 할 수 있니?

B : 무슨 일인데?

A :

B (어) :

A :

B (기) :

A :

B (역) :

A :

B (차) :

## 민감한 주제 피하기

| | |
|---|---|
| 친구가 끼고 있는 안경이 멋져 보인다는 생각이 들 때 | O |
| 친구가 끼고 있는 안경이 도수가 높고 두꺼워 보일 때 | X |
| 친구가 다가와서 '날씨 되게 좋다~'라고 말을 걸어올 때 | O |
| 수학 과목 때문에 특수 과외를 받고 있는지 궁금할 때 | X |
| 선생님이 동생이 몇 살이냐고 물어올 때 | O |
| 반 친구 중 한 명이 왜 저렇게 뚱뚱할까 궁금할 때 | X |
| 반 친구 중 한 명이 체육시간에 농구를 잘할 수 있는 이유가 궁금할 때 | O |
| 반 친구 중 한 명이 글을 잘 읽지 못하는 이유가 궁금할 때 | X |
| 동생이 있는지 없는지 궁금할 때 | O |
| 친구의 할아버지가 돌아가셨다는 소식을 들었을 때 | X |
| 선생님의 배가 볼록 나와 있어서 선생님이 임신한 게 아닐까 궁금할 때 | X |
| 반 친구의 얼굴에 있는 흉터는 왜 생겼을까 궁금할 때 | X |

여덟 번째 시간

# 오늘은 뭘 배웠나요?

이번 시간에는 친구들과 대화를 나누는 방법인 여기역차에 대해서 배웠습니다. 일주일간 친구들이나 가족들과 대화하면서 어떤 자세로 이야기를 들었으며 상대방의 반응은 어떠했는지 결과를 적어보세요. 만약 효과적이지 않았다면 어떻게 전달하는 것이 합리적인 방법이었을지 생각하여 적어 오세요.

| 번호 | 날짜 | 상황 | 실제 나의 경청 태도 | 결과 | 보다 바람직한 방법 |
|------|------|------|-----------------|------|----------------|
| 1 | | | | | |
| 2 | | | | | |
| 3 | | | | | |

다음 시간에 자신이 경험한 것을 발표해봅시다.
과제를 적어 오고 발표를 하면 스티커를 2배로 줍니다. 파이팅~!!

# 지혜로운 문제 해결

**목표**

- 지혜로운 문제 해결 방법에 대하여 이해한다.
- 다양한 갈등 상황의 예를 활용하여 문제 해결 방법들을 적용해본다.

**준비물**

- 활동지 : 대처 유형 소개
- 활동지 : 묵찌빠 게임
- 활동지 : 사례 연습
- 활동지 : 오늘은 뭘 배웠나요? (아홉 번째 시간)
- 가위, 부직포, 벨크로테이프

## 도입

① 〈이웃을 사랑하십니까〉 게임을 진행한다.

ㄱ. 술래가 한 사람에게 다가가 '이웃을 사랑하십니까'라고 물으면, 상대방은 '예' 혹은 '아니요'라고 말한다.

ㄴ. '예'라고 말하면 대답을 하는 사람 좌우에 있는 사람이 얼른 자리를 바꾸고 그 사이 술래도 앉는다.

ㄷ. 이때 자리에 앉지 못하는 사람이 또 다른 술래가 된다.

ㄹ. '아니요'라고 말하면 다시 '어떤 이웃을 사랑하십니까?'라고 묻고 '이러이러한 이웃을 사랑합니다'라고 대답하면, '이러이러한 이웃'은 모두 자리를 바꾸어야 한다. 질문은 '잘 생겼다고 생각하는 이웃', '단짝 친구가 있는 이웃', '안경을 낀 이웃' 등 여러 가지가 될 수 있다.

ㅁ. 자리에 앉지 못한 이웃이 술래가 된다.

② 지난 시간에 내주었던 숙제를 확인하고 간단하게 발표하도록 하는데, 내용을 잘 정리해 온 아동에게는 스티커를 붙여주도록 한다.

③ 이번 시간의 내용을 설명한다. 지난 시간에 배운 내용을 기억하는지를 학생들에게 직접 물어보고 대답을 듣는다.

④ 3명이 한 모둠이 되도록 구성한다.

## 내용

### 1. 여러 가지 대처법에 대한 이해

① 〈활동지 : 대처 유형 소개〉를 모둠별로 나누어준 뒤 각 대처 방법에 대하여 간략하게 설명한다.

"자, 우리가 친구관계에서 보이는 행동은 가지각색이지만 이런 행동들은 크게 세 가지로 나눌 수 있어요. 첫째는 '나 우선 대처', 둘째는 '나 없는 대처', 마지막으로 '함께하는 대처'가 있어요. '나 우선 대처'란 친구의 입장은 생각하지 않고 나만 생각하는 대처 방법이에요. '나 없는 대처'란 친구들의 반응이 무서워서 혹은 다른 이유 때문에 나의 입장이나 감정은 생각하지 않는 대처 방법이에요. 그렇다면 '함께하는 대처'란 무엇일까요? 네~ 함께하는 생각은 나의 감정과 입장도 생각할 뿐 아니라 친구의 감정과 입장도 생각하는 대처법이라고 할 수 있겠지요."

② 〈활동지 : 대처 유형 소개〉의 빈칸에 적절한 대처 행동 명칭이 무엇인지 적어보도록 한다. 대처 행동 명칭을 다 맞힌 모둠에게는 스티커를 부여한다.

③ 정답을 발표하면서 모둠별로 다르게 생각한 내용에 대해서는 이유를 묻거나 다른 사람의 의견을 듣기도 한다.

④ 모둠별로 각 대처 행동에 대한 장점과 단점에 대하여 의논하여 활동지에 적어보도록 한 후, 모둠 대표가 나와 모둠에서 수렴된 의견을 발표하도록 하고 적절한 대답을 한 경우 스티커를 부여한다. 다음과 같은 내용이 나올 수 있다.

**나 없는 대처법**

장점 : 당장 싸움이나 갈등을 피할 수 있다.

단점 : 나의 욕구는 계속 무시당한다.

　　　 나의 의견을 전달할 수 없다.

　　　 불만이 계속해서 쌓인다.

**나 우선 대처법**

장점 : 당장은 마음이 후련하다.

　　　 내가 하고 싶은 대로 할 수 있다.

단점 : 내 마음대로 한다고 생각해서 친구들이 나에 대해 좋지 않게 생각한다.

　　　 상대방을 화나게 하여 더 큰 싸움으로 번져 친구와 사이가 나빠진다.

**함께하는 대처법**

장점 : 상대방과 나의 기분이 모두 유쾌해진다.

　　　 갈등 없이 문제를 해결할 수 있다.

⑤ 각 대처법에 대하여 이해한 뒤에는 게임을 통해 각 대처 유형을 묵찌빠 게임을 통해 완벽히 익히도록 한다. 제시된 사례 이외의 각 모둠에서 벌어졌던 이전의 경우를 사례로 활용하면서 충분히 게임을 진행하도록 한다. 이해하지 못한 아동이 있을 경우 보조 치료자가 개인적으로 지도를 해주어야 전체적인 게임의 흐름을 유지할 수 있다. 게임은 묵찌빠 게임을 변형시켜 진행한다.

묵, 찌, 빠! 묵, 찌, 빠!~ 묵, 찌, 빠! 묵, 찌, 빠! ~ '묵'은 '나 우선!'

묵, 찌, 빠! 묵, 찌, 빠!~ 묵, 찌, 빠! 묵, 찌, 빠! ~ '찌'는 '나 없는!'

묵, 찌, 빠! 묵, 찌, 빠!~ 묵, 찌, 빠! 묵, 찌, 빠! ~ '빠'는 '다 함께!'

묵, 찌, 빠! 묵, 찌, 빠!~ 묵, 찌, 빠! 묵, 찌, 빠! ~

'나 우선'에 해당되면 '묵'을 내도록 하고 '나 없는'은 '찌', '다 함께'는 '빠'를 내야 한다. 위 노래를 부르면서 충분히 사전 연습을 진행한다.

⑥ 각 경우에 익숙해진 뒤 〈활동지 : 묵찌빠 게임〉에 적힌 사례를 주 진행자가 큰 소리로 또박또박 하나씩 읽어주면 '묵', '찌', '빠' 중 어디에 해당하는 상황인지를 선택하여 내도록 한다. 〈활동지 : 묵찌빠 게임〉을 크게 출력하여 칠판에 부직포와 함께 붙여두고 사용하면 좋다.

대처 행동 명칭카드 뒷면에 '벨크로테이프'를 붙여 사용하면 부직포에 붙일 수 있고 재사용이 가능하다. 맞힌 학생 중에서 그렇게 생각한 이유를 적절히 잘 발표한 학생에 대하여 스티커를 부여한다.

## 2. 역할연기를 통해 적용하기

① 이전 내용의 재정리와 함께 앞으로 시행하게 될 역할연기에 대한 소개를 한다.

"잘했어요. 함께 살펴봤듯이 '함께하는 대처'를 사용할 경우 서로에게 이득이 되는 가장 좋은 결과를 얻을 수 있다는 것을 잘 알게 되었을 거예요. 무엇을 결정하기 힘든 상황에서는 항상 어떤 대처를 하는 것이 나와 서로에게 이득이 될지를 먼저 생각해보고 올바른 대처를 하면 문제를 현명하게 해결할 수 있겠지요. 자, 이제는 여러 가지 상황을 모둠별로 짝을 지어서 역할연기를 해보도록 하겠어요. 역할연기를 보면서 다른 친구들은 그 상황에서 각 친구들이 어떤 마음이 들지, 어떤 결과가 나타날 수 있을지를 한번 생각해보도록 하겠어요."

② 모둠별로 〈활동지 : 사례 연습〉의 각 갈등 상황에 대한 역할연기를 해보는 시간을 갖는다. 각 모둠별로 '나 우선 대처', '나 없는 대처', '함께하는 대처' 내용에 맞도록 역할연기를 실시하도록 배정한다. 가위바위보를 통해 이긴 모둠 순서대로 먼저 각 모둠에서 원하는 대처법을 선택하도록 한다.

③ 나누어준 종이에 적힌 생각에 따라 주인공이 어떻게 행동하게 될지 생각하여 그 이후의 이야기들을 구성하여 역할연기를 구성하도록 한다.

④ 한 모둠이 발표할 때 나머지 모둠들은 역할연기 내용 속의 주인공이 한 대처가 어떤 대처에 해당하는 상황인지 맞혀보도록 하고 맞혔을 때 스티커를 부여한다. 또한 역할연기를 맡은 각 사람들이 그 상황에서 어떤 마음이 들었을지, 기분은 어땠을지 발표해보도록 한다.

- '나'는 이후에 기분이 어떻게 될까?
- '수빈이'의 기분은 어땠을까?
- 결과가 어떻게 될까?

① 프로그램 내용을 정리한다.

"오늘 배운 내용을 정리해볼까요? 오늘은 '함께하는 대처'에 대해서 배웠습니다. 여기서 가장 중요한 점은 나 하나만 생각하고 다른 사람을 존중하지 않는 것이나 나를 존중하지 않고 남만 생각하는 것이 모두 바람직하지 않다는 점을 배웠다는 것이에요. 어느 상황에서나 나와 다른 사람의 입장을 모두 고려하여 모두의 기분을 상하지 않고 모두에게 이득이 되는 '함께하는 생각'을 하는 여러분이 되었으면 해요. 앞으로는 우리 그룹에서도 이 원칙을 꼭 지켜야 하고 학교에서나 가정에서도 꼭 지키는 여러분이 되었으면 해요."

② 이 시간에 느낀 점에 대하여 1~2명의 발표를 듣고 정리하며 마친다.

## 숙제

〈활동지 : 오늘은 뭘 배웠나요? (아홉 번째 시간)〉를 나눠주고 일주일 동안 각자 생활하면서 친구와 갈등 상황이 있었는지, 또한 어떤 방식으로 문제를 해결했는지를 기록하도록 한다.

대처 유형 소개 I

| | |
|---|---|
| 친구가 자꾸 내가 앉은 의자를 툭툭 건드리며 '야~ 이 바보새끼야'라며 놀린다. | |

| 대처 행동 | ● 화가 나지만 반응하지 않고 속으로 삭힌다.<br>● 친구가 밉지만 표현하지 않는다.<br>● 친구의 행동이 바뀌기 바라지만 아무 조치도 하지 않는다.<br>● 아예 그 상황을 피해 다른 곳으로 간다(화장실, 운동장). |
|---|---|
| 대처 유형 | 나 없는 대처     (                    )<br>나 우선 대처     (                    )<br>함께하는 대처     (                    ) |
| 장점 | |
| 단점 | |

대처 유형 소개 Ⅱ

친구가 자꾸 내가 앉은 의자를 툭툭 건드리며 '야~ 이 바보새끼야'라며 놀린다.

| 대처 행동 | <ul><li>씩씩대며 신경질을 낸다.</li><li>참다가 갑자기 화를 낸다.</li><li>책상을 손으로 내리치며 소리를 지른다.</li><li>힘을 과시하며 심하게 욕을 해준다.</li><li>친구에게 폭력 행사를 하여 꼼짝 못하게 한다.</li></ul> |
| --- | --- |
| 대처 유형 | 나 없는 대처　（　　　　　　）<br>나 우선 대처　（　　　　　　）<br>함께하는 대처　（　　　　　　） |
| 장점 | |
| 단점 | |

## 대처 유형 소개 III

친구가 자꾸 내가 앉은 의자를 툭툭 건드리며 '야~ 이 바보새끼야'라며 놀린다.

| 대처 행동 | • 상대의 기분이 상하지 않도록 화를 참은 뒤 그렇게 하지 말라고 분명히 말한다.<br>• 친구들이 왜 그러는지 이유를 알아내어 나에게 문제점이 있다면 고친다. |
|---|---|
| 대처 유형 | 나 없는 대처　　（　　　　　）<br>나 우선 대처　　（　　　　　）<br>함께하는 대처　　（　　　　　） |
| 장점 | |
| 단점 | |

**묵찌빠 게임**

| | |
|---|---|
| 어제 게임하느라 공부도 못했는데… 안 되겠다.<br>마침 옆에 앉은 애가 수학을 잘하니까<br>그 애에게 답안지를 보여 달라고 하자. | |
| 다른 친구들이 나도 따돌릴까봐<br>왕따인 철민이가 안 되어 보이기는 하지만<br>도와줄 순 없어…. | |
| 어떻게 이렇게 오랫동안 줄을 서지?<br>귀찮은데 그냥 몰래 새치기를 하자. | |
| 친구들과 게임을 하는데 영철이가 넘어지는<br>바람에 우리 팀이 졌다.<br>다음부터는 영철이를 놀이에 끼워주지 않겠다고 했다. | |
| 수업시간이 도통 재미없고 지루하다.<br>옆 친구를 보니 심심해 보인다.<br>같이 놀자며 장난을 걸었다. | |
| 친구가 만화책을 보는데 재미있어 보였지만<br>친구가 빨리 책을 넘기지 않아 답답해서<br>친구에게 내가 먼저 보겠다고 말해버렸다. | |

**묵찌빠 게임 (계속)**

수업시간에 한 친구가 잘난 척하며 내가 틀린 것을 지적한다.
내 기분을 상하게 했으니 그녀석도 한 대 때려주어야겠다….

우리 반 짱인 친구가 나를 자꾸 놀리고 비웃는다. 아이들이
자꾸 놀리는 것을 보니 정말 내가 이상한 아이인 것 같다.

영빈이는 축구도 못하면서 항상 끼워달라고 해서 짜증난다.
영빈이 몰래 축구를 해야겠다고 생각한다.

한 친구가 나를 자꾸 놀리거나 툭툭 친다. 기분이 나빴지만
그 아이가 내게 기분 나쁜 일이 있어서 그런 것은 아닌가 하여
친구에게 기분이 나쁜 일이 있는지 물어보았다.
또, 친구 행동 때문에 나도 기분이 상한다고
이야기를 해서 내 기분에 대해 알려주었다.

친구가 발표를 하는데 말을 더듬는 것을 보고 웃겨,
수업이 끝나고 친구가 발표했던 것을 따라 해서
아이들을 웃겨주었다.
난 개그맨의 기질이 있는 것 같다.

**묵찌빠 게임**

✂ ········ 오려 놓은 뒤 위의 해당하는 란에 붙이세요.

| 나 없는 | 나 우선 | 함께하는 |
|---------|---------|----------|
| 나 없는 | 나 우선 | 함께하는 |
| 나 없는 | 나 우선 | 함께하는 |
| 나 없는 | 나 우선 | 함께하는 |
| 나 없는 | 나 우선 | 함께하는 |
| 나 없는 | 나 우선 | 함께하는 |
| 나 없는 | 나 우선 | 함께하는 |

사례 연습

<상황>

얼마 전 우리 반에 수빈이가 전학을 왔다. 선생님의 말씀에 따르면 수빈이는 전에 다니던 학교에서 공부를 잘했다고 한다. 지난 시험 때 성적이 크게 떨어져서 고민인 나는 은근히 수빈이가 신경이 쓰인다. 그런데 사흘 후부터 중간고사 기간이다. 이 소식을 접한 수빈이는 매우 당황하며 걱정스러운 표정을 짓는다. 수빈이와 짝이 된 나(희연)! 수빈이에게 노트를 빌려줘야 할까? 지난번 성적이 떨어졌다고 엄마가 무척 화를 내시며 다른 데는 신경 쓰지도 말고, '네 공부나 잘해'라고 하셔서 친구들과도 방과 후에 놀지도 못하고 학원-집을 반복하며 힘겨운 시간을 보내고 있는 데… 어떻게 할까?

---

### 역할연기 대본

선생님 : 자, 새로 전학 온 친구예요. 이름은 전수빈이에요. 다들 사이 좋게 지내길 바라요. 자, 수빈이는 희연이랑 짝을 하도록 해요.

수빈 : 안녕~ 난 전수빈이라고 해. 우리 사이 좋게 지내자.

나 : 안녕~ 반가워 … 참, 내일모레부터 중간고사 기간인 거 아니?

수빈 : 정말? 어머, 나는 이 시험 범위까지 배운 적이 없는데 … 어쩌지… 혹시 수업시간에 필기한 것 좀 빌려줄 수 있니?

나 :

가위로 오려 놓은 뒤 각 모둠에게 한 장씩 나누어준다.

'지금 나는 누구에게도 신경을 쓸 수 있는 상황이 아냐,
내 공부만 열심히 하자.'

'내 공책을 빌려줬다가 수빈이가 나보다 더 성적이 좋게
나오면 어떻게 하지? 하지만, 내가 노트를 빌려주지 않으면,
옆짝이 되어 가지고 공책도 안 빌려주는 치사한 애라고
다른 아이들이 수군거릴지 몰라. 그럼 나만 곤란해지잖아….'

'수빈이가 전학을 오자마자 시험을 보게 됐으니 얼마나
걱정이 될까? 나도 성적이 떨어져서 고민이긴 하지만
수빈이도 무척 곤란할 거야.'

아홉 번째 시간

# 오늘은 뭘 배웠나요?

이번 시간에는 지혜로운 문제 해결 방법으로 함께하는 대처 방법에 대해서 배웠습니다. 일주일 동안 각자 생활하면서 친구와의 갈등 상황이 있었는지, 또한 어떤 방식으로 문제를 해결했는지를 사례 연습지에 기록해보세요.

| | |
|---|---|
| 나는 어떻게 행동했나? | |
| 이 행동은 어떠한 대처였나? | 나 없는 대처　(　　　)<br>나 우선 대처　(　　　)<br>함께하는 대처　(　　　) |
| 나는 어떤 기분이 들었나? | |
| 상대방의 기분은 어땠을까? | |
| 어떤 결과가 나타났는가? | |

다음 시간에 자신이 경험한 것을 발표해봅시다.
과제를 적어 오고 발표를 하면 스티커를 2배로 줍니다. 파이팅~!!

## 10회기

# 지혜롭게 대처하기 I

### 목표

- 다양한 문제 상황에서 효율적으로 대처하는 방법을 익힌다.
- 친구의 부당한 요구를 거절하는 방법을 배운다.
- 겸손하게 행동하는 기술을 습득한다.
- 끼어들 상황인지 아닌지 적절하게 판단하여 행동하는 법을 배운다.

### 준비물

- 활동지 : 부당한 요구 거절하기 연습
- 활동지 : 겸손하게 행동하기 I, II
- 활동지 : 겸손하게 행동하기 상황카드
- 활동지 : 단속자처럼 굴지 않기
- 활동지 : 오늘은 뭘 배웠나요? (열 번째 시간)

## 도입

① 〈우리 집에 왜 왔니〉 게임을 진행한다.

ㄱ. 두 줄로 나누어 선다.

ㄴ. '우리 집에 왜 왔니' 노래를 부르면서 반복하여 양쪽을 왔다 갔다 한다.

ㄷ. '무슨 꽃을 찾으러 왔느냐 왔느냐'의 마지막 문구가 나오면 상대편에 속한 아동의 이름을 부르면서 'ㅇㅇ꽃을 찾으러 왔단다 왔단다'라고 데려올 친구의 이름을 부른다.

ㄹ. 친구의 이름을 부른 아동과 이름이 불린 아동이 가위바위보를 해서 진 사람이 상대편 팀으로 이동하게 된다.

ㅁ. 게임이 끝날 때 사람 수로 이긴 팀과 진 팀을 정한다.

② 숙제를 서로 돌아가며 발표하면서 지난 시간을 복습한다.

③ 이번 시간에 대하여 소개하면서 부정적인 결과를 받아들이는 기술의 필요성을 설명한다.

"여러분들은 게임에서 졌을 때, 다른 사람에게 꾸지람이나 핀잔을 들을 때, 학교에서 선생님이나 친구들이 내가 하고 싶은 것을 하지 못하게 하고 내 요구를 무시할 때가 한 번씩은 다 있었을 거예요. 자신의 경험을 이야기해볼 사람 있나요?"

## 내용

### 1. 부당한 요구 거절하기 (또래의 압력에 반응하기)

① 친구들의 부탁이나 요구를 거절하기 힘든 이유를 말해보도록 한다.

"거절할 줄 모르는 사람들은 왜 그럴까요? 상대방에게 상처를 주는 것이 싫어서 '아니요'라고 말할 수 없는 경우 혹은 상대방이 화를 낼까 아니면 아이들로부터 따돌림을 받거나보복을 당할까봐 두려워서 '아니요'라고 말을 하지 못하게 되는 경우가 많지요."

② 자신의 경험에 대해서 이야기해보도록 한다.

"친구들이 여러분에게 나쁘거나 어려운 일을 해달라고 하면 싫다고 말하기 어려웠던 경험이 있나요?"

③ 부당한 요구를 거절하는 것이 왜 중요할지 생각해보도록 한다.

"거절을 하지 못하는 경우 상대방의 요구에 따라 움직이게 되기 때문에 상대방에게 이용당하기 쉽겠지요. 그리고 다른 사람의 부당한 요구에 응하고 나서 나중에 후회를 하게 되고요. 다른 사람이 무엇을 요구하든 요구를 무조건 따르는 습관은 마치 감옥처럼 상대방의 요구 안에 자신을 가두는 것과 다름없게 돼요. 이건 지난 시간에 배웠던 대처 중에 어디에 해당할까요? (아동들의 대답을 듣는다) 네, 맞아요. 나 없는 대처에 해당해요."

④ 자신의 입장을 분명하게 밝히는 연습을 한다.

"자, 그렇다면 어떤 경우에 거절을 해야 할까요? 누가 봐도 부당하고 옳지 못한 일의 경우 같이 가담하라고 요구하거나 부당한 일을 하도록 강요하는 경우가 되겠지요? 그럴 경우 지금 당장은 상황을 모면할 수 있을지 몰라도 나중에 더 큰 어려움이 생길 수 있으므로 어렵더라도 거절해야 합니다. 그리고 상대방을 괴롭히는 잘못된 행동에 동조하고 그 행동을 그만두게 하지 못하는 것은 상대방 친구를 위해서도 좋지 못한 행동이 되겠지요."

⑤ 거절할 때는 용기가 필요하다는 것을 알려주어야 한다.

"불합리한 요구를 거절할 때 필요한 것이 무엇일까요? (아동들의 대답을 듣는다) 네, 옳고 그름에 대한 판단 그리고 힘과 용기가 필요합니다."

⑥ 불합리한 요구를 거절하기 위해서 다음의 문구를 이용해보도록 한다. 함께 큰 소리로 읽어보도록 한다.

> '미안해. 그렇게 못할 것 같아. 나는 ~하기를 원하지 않아. 왜냐하면…'
> '미안해. 그렇게 못할 것 같아. 나는 네가 ~하지 않았으면 좋겠어. 왜냐하면…'
> '미안해. 그렇게 못할 것 같아. 나는 ~하고 싶지 않아. 왜냐하면…'

⑦ 〈활동지 : 부당한 요구 거절하기 연습〉을 모둠별로 한 가지씩 나누어주고 적당한 문구를 만들도록 한 뒤 역할극을 하게 한다.

⑧ 역할극을 한 뒤 소감을 나누어보도록 한다.

## 2. 겸손하게 행동하기

① 주변에서 〈활동지 : 겸손하게 행동하기 I〉의 예와 같이 행동하는 친구를 본 적이 있거나 그렇게 행동한 적이 있었는지 생각해보도록 한다. 그런 친구들을 볼 때 어떤 기분이 들었는지를 이야기해보도록 한다.

② 다시 〈활동지 : 겸손하게 행동하기 II〉를 보여주면서 이런 친구들을 볼 때 어떤 기분이 드는지 이야기해보도록 한다.

③ '겸손'이라는 것이 어떤 것을 의미하는 것인지 생각해보도록 한다.

"겸손이라는 것은 여러분이 가지고 있는 재능이나 능력을 '대단한 것'이 아니라 '장점'으로 받아들이는 마음이에요. 다른 사람 앞에서 여러분이 가진 재능이나 여러분이 해낸 일들을 자랑하지 않는 걸 말해요."

④ 〈활동지 : 겸손하게 행동하기 상황카드〉를 학생들에게 나누어준 뒤 각 상황에서 겸손하게 행동하는 것이 어떤 것인지 생각해보도록 한 뒤 각 상황의 주인공 행동의 문제점이 무엇이고 어떻게 행동하는 것이 옳은지를 발표해보도록 한다.

### 3. 단속자처럼 행동하지 않기

① 다른 친구들에게 이래라저래라 명령하거나 간섭하지 않는 것이 좋다는 것을 인식시킨다. 하지만 끼어들어야 할 상황도 있다. 끼어들어도 좋은 상황인지 아닌지를 판단하기 위해서는 다음의 세 가지 질문을 하도록 한다.

- 위험한 상황인가?
- 상대방이 나에게 상처를 주는가?
- 나에게 책임이 있는 일인가?

② 위의 세 가지 질문을 해서 위험한 상황이고, 나에게 상처를 주는 행동이며, 나에게 책임이 있는 일인 경우 적극적으로 개입하여 문제를 해결해야 한다는 것을 설명한다.

③ 〈활동지 : 단속자처럼 굴지 않기〉를 잘라서 나누어준다. 한 사람씩 나와서 사례를 읽으면 다른 아동들은 각자 생각하는 대처 방법을 발표하도록 한다.

④ 사례의 뒷면에는 개입해도 되는 상황인지 아닌지에 대한 정답이 나와 있으므로 이에 근거하여 사례를 읽은 아동은 적절한 대처법에 대하여 설명해주도록 한다.

## 정리 및 평가

① 오늘 배운 내용들을 정리해본다.

"오늘 여러 가지 많은 내용을 배웠어요. 어떤 경우든지 상대방의 기분이 어떨까를 한 번 더 생각해본다면 어떤 상황에서든지 현명하고 지혜롭게 행동할 수 있다는 것을 알게 되었을 거예요."

② 소감을 듣고 회기를 마친다.

친구들과 지내면서 오늘 배웠던 내용과 같은 상황이 있었는지 적어보고 그 상황에서 어떻게 대처했었는지 적어 오도록 한다(〈활동지 : 오늘은 뭘 배웠나요? (열 번째 시간)〉).

## 부당한 요구 거절하기 연습

친구가 도시락을 가지고 오지 않았는데 돈도 없다. 그런데 그 친구가 철수의 도시락을 달라고 하며 '나는 아침도 못 먹어 지금 배가 고프다'고 말하는데, 친구가 벌써 며칠째 같은 요구를 해오고 있기 때문에 철수도 며칠째 점심을 먹지 못하고 있어 철수는 도시락을 주기 싫다.

오늘 영수는 처음으로 새 재킷을 입었다. 그 재킷이 멋지다고 생각한 친구가 영수에게 이틀 동안 그 재킷을 빌려달라고 하며 "너의 재킷을 입은 내 모습이 얼마나 멋진가 봐 봐."라고 말한다.

친구들 중 한 명이 다른 친구의 자전거를 망가뜨리려고 하면서 말하기를 "내가 자전거를 망가뜨렸다고 어디에 말하지는 않겠지? 우리 가족들은 내가 그랬다는 것을 알면 나를 죽이려고 할 거야."라고 한다.

우리 반에서 키가 작고 왜소한 체구의 친구가 있다. 경수가 나더러 '오늘 기분도 안 좋은데 저 녀석 한번 손맛 좀 보여줄까?'라고 말한다.

## 겸손하게 행동하기 Ⅰ

**겸손하게 행동하기 상황카드**

나는 숙제를 다 해왔는데 다른 친구들은 숙제를 하나도 해오지 않은 모양이다. 다들 모여서 어떻게 해야 할지 걱정을 하는 중이다. 친구들에게 다가가서 "야! 난 숙제 다했다!"라고 외친다.

수업시간에 선생님께서 질문을 하신다. 나는 다 아는 문제들이다. 모든 문제를 다 대답해서 선생님께 칭찬을 받아야겠다고 생각했다. 매 문제가 나올 때마다 있는 힘껏 손을 들어 발표를 다 해버렸다.

친구가 어제 부모님이 사주신 내 운동화를 보며 '너 운동화 명품이지?'라며 물어본다. 내 운동화 좋은 걸 단번에 알아채다니 기분이 으쓱했다. '맞아, 명품이야.'라고 말해주었다.

나는 키도 크고 얼굴도 예쁘다는 소리를 자주 듣는다. 옷도 잘 입어서 주위에서 너는 커서 디자이너 되도 되겠다는 이야기도 들었다. 그런데, 쉬는 시간에 키도 작고 못생긴 친구가 자기도 꿈이 디자이너라고 한다. 나는 그 친구에게 '키 작고 못생긴 애들은 디자이너 되기 힘들어!'라고 말했다.

어머니가 시험 잘 봤다며 새로 옷을 사주셨다. 기분이 좋아서 학교에 가자마자 친구들에게 "얘들아 나 옷 샀어! 사는 데 10만 원 들었다…. 우리 엄마가 나 잘 어울릴 거라면서 사줬어~. 좋겠지?!"라고 자랑했다.

**겸손하게 행동하기 상황카드**

나는 이제 4학년에 올라갔다. 나는 학원에서 이미 4학년 과정을 다 배우고 왔다. 지금은 5학년 과정을 배우고 있어서 친구들에게 '난 학원에서 4학년 거 다 배우고 와서 수업시간이 지겨워죽겠다'고 말했다.

그림 그리기 대회에서 나는 장려상을 받았다. 오늘 최우수상은 은지가 탔다. 친구들이 '축하해'라며 말을 걸어온다. 그런데 장려상을 탄 경원이는 "야, 너 상 처음 타는 거 아니냐? 겨우 이런 상 가지고 좋아하냐? 나도 조금만 공들였으면 너보다 훨씬 잘했을 거거든? 그리고 내가 너보다 상 훨씬 많이 받잖아."라고 말을 한다.

방학 때 미국에 어학연수를 다녀왔다. 친구들을 모아 놓고 '너희들은 미국에 못 가봐서 모르겠지만~'이라고 하며 미국에서 있었던 일을 자랑하면서 배워온 영어 솜씨를 좀 보여주었다.

친구와 함께 도서실에서 '해리포터와 불사조 기사단'을 빌리려고 하는데 책이 없어서 "오늘은 해리포터가 없네…."하자 옆에 있던 친구가 "야~ 우리 집에는 해리포터랑 반지의 제왕, 나니아 연대기 같은 판타지 소설 다 있어! 너네 집은 없냐?"라고 말한다.

나는 현수와 함께 바이올린 학원을 다닌다. 나는 바이올린을 배우기 시작한 지 겨우 한 달이 넘어서 소리 내기도 힘들어 너무 속상하다. 그런데 현수는 바이올린을 배운 지 꽤 됐는지 계속 내 옆에서 어려운 곡을 연주하고 있다.

## 단속자처럼 굴지 않기

학교에서 누가 껌을 씹고 있다. 껌을 씹는 것은 규칙을 위반하는 일이다. 어떻게 해야 하는가?

이것은 규칙을 위반하는 일이지만 위험하지는 않은 상황이므로 단속자처럼 굴지 않는다.

선생님이 책을 읽으라고 했는데 누군가가 그림을 그리고 있다. 어떻게 해야 하는가?

이것은 선생님의 말씀을 어기는 행동이지만 내가 할 일이 이 일을 알리는 것은 아니다.

누가 화장실에서 화장실 휴지에 불을 붙이고 있다. 어떻게 해야 하는가?

위험한 상황이므로 어른이나 선생님에게 알려야 한다. 구체적인 사람의 이름을 언급하는 것은 되도록 피한다.

식당에서 점심을 먹으려고 줄을 서서 우유를 하나씩 받아가고 있는데 누군가 2개를 가지고 가려고 한다. 어떻게 해야 하는가?

모든 사람이 먹을 만큼 우유가 아직 충분히 있으므로 그냥 놔둔다.

선생님이 말씀을 하시는데 수업시간 도중에 반 친구가 나에게 귓속말을 하면서 귀찮게 한다. 어떻게 해야 하는가?

직접적으로 나를 괴롭히는 상황이므로 친구에게 그만하라고 말을 한다.

친구가 다른 반 친구의 어깨를 툭툭 치고 있다. 어떻게 해야 하는가?

위험하지는 않은 상황이므로 일단 지켜본다.

친구 5~6명이 다리가 아픈 친구에게 돌을 던지며 놀려대고 있다. 어떻게 해야 하는가?

몸이 아픈 약한 친구를 괴롭히는 것이며 친구를 다치게 할 수 있는 상황이므로 하지 말라고 말려야 한다.

열 번째 시간

# 오늘은 뭘 배웠나요?

이제까지 우리는 친구와 문제가 생겼을 때 해결하는 방법에 대해서 배웠습니다. 일주일 동안 학교나 학원, 가정에서 친구들과 어떤 문제가 생겼는지, 그 상황에서 나는 어떻게 해결했는지, 결과는 어땠는지를 적어보세요.

| 번호 | 날짜 | 누구와 | 어떤 문제로 | 어떻게 해결했는지 | 결과 |
|---|---|---|---|---|---|
| 1 | | | | | |
| 2 | | | | | |
| 3 | | | | | |

다음 시간에 자신이 경험한 것을 발표해봅시다.
과제를 적어 오고 발표를 하면 스티커를 2배로 줍니다. 파이팅~!!

# 지혜롭게 대처하기 Ⅱ

## 목표
- 다양한 문제 상황의 대처 방법을 배운다.
- 내 요구가 거절될 때 '거절'을 받아들이는 기술을 습득한다.
- 부정적인 결과를 받아들이는 기술을 습득한다.

## 준비물
- 활동지 : 승자와 패자
- 활동지 : 부정적 결과 받아들이기
- 활동지 : 거절에 대처하기 Ⅰ, Ⅱ
- 활동지 : 오늘은 뭘 배웠나요? (열한 번째 시간)
- 풍선

## 도입

① 숙제를 서로 돌아가며 발표하면서 지난 시간을 복습한다.

② 〈풍선 띄워 올리기〉를 한다.

ㄱ. 2명씩 짝을 짓고 풍선을 하나씩 부여한다.

ㄴ. 각 팀은 풍선을 불어 올려 땅으로 떨어지지 않게 해야 한다.

ㄷ. 풍선을 가장 늦게 떨어뜨린 팀이 우승이다.

③ 자리를 정리한 뒤 이번 시간에 대하여 소개하면서 부정적인 결과를 받아들이는 기술의 필요성을 설명한다.

"여러분들은 게임에서 졌을 때, 다른 사람에게 꾸지람이나 핀잔을 들을 때, 학교에서 선생님이나 친구들이 내가 하고 싶은 것을 하지 못하게 하고 내 요구를 무시할 때가 다들 한 번씩은 있었을 거예요. 자신의 경험을 이야기해볼 사람 있나요?"

## 내용

### 1. 거절을 수용하기

① 자신의 요구를 들어주지 않는 상황에서 어떤 기분이 들었는지 물어본다.

"그 외에 우리가 처한 상황 중에 또 다른 어려운 상황에는 어떤 것이 있을까요? 내 뜻대로 되지 않고 상대방이 내 요구를 들어주지 않아서 화가 났던 경험이 있었던 사람 있나요?"

② 화가 나고 억울한 기분이 드는 것에 대하여 공감해주면서 그런 기분이 들었을 때 어떻게 행동 및 대처를 하였는지 물어본다.

"내 부탁이나 요구를 거절당하거나 제지당하면 누구라도 기분이 상할 수 있지요. 서운하고 화가 나고 답답한 기분 등 여러 부정적인 기분이 들 수 있어요. 여러분은 그 외에 또 어떤 생각이 들었나요?"

③ 화를 낼 경우 그 이후의 결과로 어떤 일이 일어날지 생각해보도록 한다.

"상대방이 거절을 하거나 내 요구를 거절할 때, 내 감정만 생각해서 버럭 화를 내면서 대들 수도 있고 내가 하고 싶은 대로 우길 수도 있어요. 하지만, 내가 원하는 대로 결과가 나오지 않았다고 해서 혹은 내 요구를 들어주지 않았다고 해서 그 상황을 받아들이지 않고 버럭 화를 내거나 우긴다면 화를 내는 나 역시 기분이 상할 뿐 아니라 상대방 역시 기분이 상해 서로 다투게 될 수 있겠죠. 그렇다면 이런 상황에서 내가 현명하게 대처할 수 있는 방법으로는 어떤 것이 있을까요?"

④ 부모님이나 친구들이 내가 원하는 대로 해주지 않았을 때나 내 요구를 거절하는 경우 상황을 여유롭게 받아들일 수 있도록 사고를 바꾸어보도록 한다.

"상대방이 '안 돼'라고 말할 때 그러한 결과를 있는 그대로 받아들이는 것은 참 어려워요. 하지만, 상황이 여의치 않거나 다른 사람들에게 불편을 끼칠 수 있기 때문에 내 요구가 거절당하기도 하고 무시되는 경우도 생길 수 있겠죠. 그런 상대방의 입장과 상황을 인정하고 여유롭게 받아들이면 상대방의 기분도 그러하지만 내 기분도 더 나빠지지 않고 편안해질 수 있어요."

⑤ '안 돼'라는 거절이나 제지를 받아들이는 상황에서 어떻게 상황을 받아들일 수 있는지 생각해보도록 하고 그 상황에서 스스로에게 해줄 수 있는 말들을 다음의 예를 통해 제시한다.

'그래~ 좋아!'
'그럴 수도 있지.'
'다음 기회가 또 있겠지.'
'그럴 만한 이유가 있을 거야.'

⑥ 〈활동지 : 거절에 대처하기 I, II〉를 제시하고 각 상황에서 어떻게 대처할 수 있을지 생각해보도록 한다.

## 2. 게임이나 스포츠의 결과에 따라 적절하게 행동하기

① 게임이나 스포츠를 할 때 질 경우가 있었는지 생각해보도록 한다. 그런 상황에서 속상한 감정이 들어 화를 내거나 기분이 상해서 친구에게 화를 낸 적이 있었는지 생각해보도록 한다.

② 게임에서 졌을 때 결과를 있는 그대로 받아들이는 것이 왜 필요한지를 강조하며 다음의 장점이 있음을 생각해보도록 한다.

"어떤 게임이나 놀이에는 항상 이긴 사람과 진 사람이 있기 마련이고 때로는 이기는 기쁨을 맛볼 수도 있지만 때로는 게임에서 지고 속상해지는 경우도 있기 마련이죠. 게임은 계속할 수 있고 승자와 패자는 언제든지 바뀔 수 있어요. 결과를 있는 그대로 받아들이면 어떤 점이 좋을까요?"

결과를 인정해야 정정당당하다.
다른 친구들의 기분이 상하지 않는다.
게임의 흐름이 깨지지 않는다.
스포츠는 페어 플레이 정신이 필요하다.

③ 스포츠에서 페어 플레이를 하고 승자와 패자가 악수를 나누는 사진 자료와 승자와 패자가 서로 다투는 〈활동지 : 승자와 패자〉 사진을 보여주고 두 상황이 주는 인상이나 느낌이 어떻게 다른지, 어떤 경우가 더 멋지고 보기 좋은지 이야기해보도록 한 뒤 그 이유를 생각해보도록 한다.

④ 게임에서 졌을 때 결과를 받아들이는 기술을 소개한다. 게임에서 졌을 때 흥분하지 말고 〈활동지 : 부정적 결과 받아들이기〉와 같이 행동하도록 한다.

⑤ 게임에서 이겼을 때나 상을 받았을 때도 자신이 한 일을 자랑하거나 내세우지 않고 '정말 재미있었어.', '너 정말 잘한다.'라며 상대방을 배려할 수 있도록 한다.

⑥ 습득한 기술을 토대로 실제 게임과 상황극을 통해 연습한다. 승패를 받아들이는 연습을 하기 위해 두 팀으로 나누어 도미노 게임을 진행한다.

예) 가족 오락관 동물 이름을 맞추기, 밀어내기 게임, 젠가 게임 등

⑦ 게임에서 이긴 아동들과 진 아동들의 행동을 살피면서 비난하거나 승패에 과도하게 흥분하는 아동들에게 피드백을 해주도록 한다. 자신으로 인해 팀이 지게 된 놀이 상황을 제시한 후 다른 아동들은 패한 아동을 위로, 격려하게 하고, 패한 아동은 이런 상황을 잘 극복해내는 연습을 한다.

고려할 점 : 리더나 보조 치료자는 옆에서 비난이나 탓을 하는 역할을 함으로써 아동들끼리 서로를 위할 수 있는 계기를 마련한다.

## 정리 및 평가

① 오늘 배운 내용들을 정리해보고 숙제를 내준다.

"오늘 여러 가지 많은 내용을 배웠어요. 어떤 경우든지 상대방의 기분이 어떨까를 한 번 더 생각해본다면 어떤 상황에서든지 현명하고 지혜롭게 행동할 수 있다는 것을 알게 되었을 거예요."

② 다음 회기에 대하여 간단하게 소개한 뒤 회기를 마친다.

친구들과 지내면서 오늘 배웠던 내용과 같은 상황이 있었는지 적어보고 그 상황에서 어떻게 대처했었는지 적어 오도록 한다(〈활동지 : 오늘은 뭘 배웠나요? (열한 번째 시간)〉).

# 부정적 결과 받아들이기

거절에 대처하기 I

# 거절에 대처하기 II

열한 번째 시간

# 오늘은 뭘 배웠나요?

이제까지 우리는 친구와 문제가 생겼을 때 해결하는 방법에 대해서 배웠습니다. 일주일 동안 학교나 학원, 가정에서 친구들과 어떤 문제가 생겼는지, 그 상황에서 나는 어떻게 해결했는지, 결과는 어땠는지를 적어보세요.

| 번호 | 날짜 | 누구와 | 어떤 문제로 | 어떻게 해결했는지 | 결과 |
|---|---|---|---|---|---|
| 1 | | | | | |
| 2 | | | | | |
| 3 | | | | | |

다음 시간에 자신이 경험한 것을 발표해봅시다.
과제를 적어 오고 발표를 하면 스티커를 2배로 줍니다. 파이팅~!!

## 12회기

# 내가 도와줄게!

### 목표
- 도움이 필요한 친구들에게 도움을 제공한다.
- 방관자적 상황에서의 대처 방법을 배운다.

### 준비물
- 활동지 : 친구를 돕는 방법
- 활동지 : 미로 찾아가기
- 활동지 : 고민 상담
- 활동지 : 지식인 답변지
- 활동지 : 지식인 스티커
- 활동지 : 내공 딱지
- 활동지 : 오늘은 뭘 배웠나요? (열두 번째 시간)

## 도입

① 숙제를 서로 돌아가며 발표하면서 지난 시간을 복습한다. 숙제를 발표한 뒤 자신의 경험을 잘 정리해서 발표한 아동에게 스티커를 부여한다.

② 〈길 안내 놀이〉를 한다.

ㄱ. 모둠이 한 팀이 된다. 각 팀에게 모기향처럼 생긴 미로에 정해진 길을 표시해둔 종이를 나누어준다(〈활동지 : 미로 찾아가기〉).

ㄴ. 한 사람은 눈을 감은 채로 상대방의 지시에 따라 그림을 그려 나가게 된다. 다른 사람들은 미로 종이에 정해져 있는 길을 따라 선을 잘 그어 나갈 수 있도록 눈을 감은 아동에게 잘 설명을 해주어야 한다.

③ 게임을 하면서 느낀 점을 말해보도록 한다. 어떤 일이든지 서로서로 돕는 협동정신이 요구된다는 것을 일깨워주도록 한다.

④ 이번 시간에 대하여 소개한다.

"이번 시간에는 또래들과 같이 지내면서 부딪히게 되는 여러 가지 갈등 상황이나 문제 상황에서 어떻게 대처해야 하는지, '좋은 친구'라면 어떻게 대처할지 복습해보도록 하겠어요."

## 내용

### 1. 어려움에 처한 친구에게 도움이 되기

① 친구들을 도와주는 것의 장점이 무엇이 있을지 생각해보도록 한다. 아래의 질문들을 통해서 도움을 주고받는 것의 이점에 대해서 자유롭게 이야기할 수 있도록 격려한다.

- 어려움에 처해 있는 친구들을 도와준 적이 있었나요? 친구들을 도와주고 나서 기분이 어땠나요?
- 여러분이 다른 사람에게 도움을 받은 적이 있나요? 어땠나요?
- 도움을 받은 친구는 여러분의 도움을 받아 어떻게 되었나요?
- 다른 친구들은 도움을 주는 모습을 보고 어떤 반응을 보였나요?

- 다른 사람을 돕는 모습을 보고 나의 장점을 발견하고 친구들이 다가올 수 있다.
- 다른 사람을 도와주었다는 뿌듯한 기분을 느낄 수 있다.
- 어려움에 처한 친구에게 큰 도움이 될 수 있다.
- 서로 도움을 주는 화기애애한 분위기를 조성할 수 있다.
- 내가 어려움에 처하게 될 때 다른 사람의 도움을 받을 수 있다.

② 친구들에게 괴롭힘을 당하는 친구를 앞에 두고 이들을 도와줄 수 있는 방법들을 생각해보도록 한다. 전체 아동들을 대상으로 다음의 사례를 제시한 뒤 아이들의 답변을 들어보고 이전에 배웠던 문제 해결 기법을 활용하여 갈등을 해결하는 연습을 같이 해보도록 한다. 토론하는 분위기 속에서 자유롭게 서로의 의견을 발표하도록 유도한다.

어느 날 길을 가는데 친구 정호가 골목에서 다른 아이들에게 둘러싸여 있었다. 힘이 세 보이는 아이들이 정호를 둘러싸고 놀려대고 있었다. 정호는 반에서 뚱뚱하다는 이유로 계속해서 놀림을 당해 온 아이다. 정호는 울먹거리면서 어찌할 바를 모르고 있었다. 이럴 때 내가 정호의 친구라면 어떻게 정호를 도울 수 있을까?

③ 괴롭힘이나 놀림을 당하는 친구가 있을 때 친구를 돕는 방법에는 여러 가지가 있을 수 있음을 설명한다. 돕는 방법에는 크게 세 가지가 있음을 설명하면서 다음의 문구를 칠판에 적어둔다.

1. 남을 괴롭히는 친구를 돕지 않고, 놀리는 행동에 가담하지 않는다.
2. 남몰래 혼자 도와준다.
3. 다른 친구들과 함께 도와준다.

④ 첫 번째는 남을 괴롭히는 친구를 돕지 않는 것이나 놀리는 행동에 가담하지 않는 것도 중요한 방법임을 설명한다. 다음의 질문을 던진다.

"만약 내가 정호의 친구라면 첫 번째 방법으로 어떤 일을 할 수 있었을까요?"

⑤ 아동들의 대답을 듣고 내용을 요약하여 다음의 내용을 설명한다. 아동들에게 〈활동지 : 친구를 돕는 방법〉의 빈칸에 다음의 내용을 받아적도록 한다.

친구를 놀리거나 괴롭히는 일에 참여하지 않는다.
친구가 놀림을 당할 때 곁에서 웃지 않는 것도 배려하는 행동이다.
친구에 대한 나쁜 소문을 들었을 때 다른 친구에게 퍼뜨리지 않는다.

⑥ 두 번째 방법으로 어려운 상황에 있는 친구를 혼자 남몰래 도와줄 수 있는 방법을 알려준다. 구체적인 방법에 대한 의견을 들은 뒤 내용을 종합한다. 아동들에게 〈활동지 : 친구를 돕는 방법〉의 빈칸에 다음의 내용을 받아적어 두도록 한다.

"이보다 더 용기 있는 방법이 있어요. 어떤 방법이 있을까요?"

> 친절한 말과 태도로 '정말 힘들지', '속상하지'라며 위로해준다.
> 선생님이나 그 친구의 부모님께 'ㅇㅇ가 힘들어해요' 하고 도움을 요청한다.
> 괴롭히는 친구에게 '네가 너무 심한 것 같아'라고 부드럽게 이야기한다.

⑦ 마지막 방법으로 어려운 상황에 있는 친구를 다른 친구들과 함께 도와줄 수 있음을 알려준다. 구체적인 방법에 대한 의견을 들은 뒤 내용을 종합한다. 아동들에게 〈활동지 : 친구를 돕는 방법〉의 빈칸에 다음의 내용을 받아적어 두도록 한다.

> 친구들 두세 명이 함께 'ㅇㅇ! 그만해라~! 너무 힘들겠다'라고 부드럽게 이야기한다.
> 놀이를 할 때 그 친구를 친구들 사이에 끼워준다.

"가장 용기 있는 방법은 어떤 것이 있을까요?"

## 2. 내공 쌓기

① '지식인 상담' 칸에 올라와 있는 아이들의 고민을 아동들에게 제시한다. 아동들에게 제시된 고민에 대한 해결책을 나누어준 종이에 적어보도록 한다.

② 돌아가면서 적절한 조언과 해결책이라고 생각하는 도움을 발표하도록 한다.

③ 발표한 내용이 도움을 청한 아동에게 도움이 되고 적절한 해결책이었다고 생각하는지를 기준으로 발표한 아동을 제외한 다른 아동들에게 발표내용에 대하여 10점에서 100점 사이의 점수가 적힌 내공 딱지를 부여하도록 한다. 적절한 해결책을 제시할 경우 100점을 제공하고 적절하지 못한 해결책일 경우 최하 10점을 제공한다. 단계별로 점수를 제공할 수 있다.

④ 각 아동들에게 받은 점수를 합계를 낸 뒤 아동에게 단계별로 지식인 레벨을 설정한다.

⑤ 최고의 단계에 오른 아동에게 태양신이라고 적힌 스티커를 부여해준다.

## 정리 및 평가

① 오늘 배운 내용들을 정리하고 소감을 듣고 다음 시간에 대하여 설명한 뒤 마친다.

## 숙제

일주일 동안 주변에 또래들로부터 따돌림을 당하거나 또래들과 어울리지 못하여 힘들어하는 친구에게 오늘 회기 동안 배운 방법 중에 어떤 방식으로 도움을 주었는지 적고, 도움을 주고 난 뒤 기분이 어땠는지 그 소감을 〈활동지 : 오늘은 뭘 배웠나요? (열두 번째 시간)〉에 적어보도록 한다.

친구를 돕는 방법

1번. 남을 괴롭히는 친구를 돕지 않고 놀리는 행동에 가담하지 않는다.

_____

_____

_____

_____

_____

_____

2번. 남몰래 혼자 도와준다.

_____

_____

_____

_____

_____

_____

3번. 다른 친구들과 함께 도와준다.

_____

_____

_____

_____

_____

_____

미로 찾아가기

고민상담 I

전 키도 작고 얼굴도 약간 긴 편입니다.

이름도 특이하다고 남자애들은 저를 여전히 싫어하더군요(정햇살이 제 이름입니다).

저는 별명이 참 많습니다. 싸가지, 땅콩, 뱃살, 꼽살, 아침 햇살, 오이, 멜론… 정말 싫었습니다.

그러던 어느 날, 제 짝꿍이 저를 욕하길래 제가 자로 3대 정도 때렸습니다. 그랬더니 선생님께서 제 짝궁 보고 앞으로 나가라고 하더군요. 그랬더니 제 짝꿍이 저를 노려보고 하교 도중에 남자애들 5, 6명을 데리고 와서는 저를 놀리기 시작했습니다.

"얘, 머리 진짜 길지 않냐?" 제가 반응을 보이지 않자 남자애들이 저를 치고 가더군요.

진짜 무서워요… 저 왕따 되는 거 아니에요?

## 고민상담 II

선영이랑 저는 5학년 때 같은 반이었어요.

근데 6학년 되어서도 또 같은 반이 되었지요.

저는 5학년 때는 수줍음이 많고 내성적인 아이여서 친구들이 별로 없는 왕따였어요.

하지만 큰맘을 먹고 6학년 올라와서는 성격을 바꾸려고 노력했지요.

활발해지고 친구들과도 잘 어울려 지내려고 노력했어요.

근데 선영이가 어느 날 와서는 '너 5학년 때랑 완전히 다르다?'라며 비꼬는 것 같았어요.

그러고는 제가 친하게 지내는 친구에게 저에 대한 안 좋은 이야기를 하고 제가 5학년 때 왕따였다는 사실도 말하는 거예요.

선영이는 아이들 사이에서 인기가 많고 선영이의 친구 중에는 저를 왕따시킨 아이들도 있어서 너무 무서워요.

어쩌죠? 이렇게 당하고만 있을 수는 없고…

도와주세요.

## 고민상담 III

우리 반에는 글씨를 잘 못 읽는 친구가 있습니다. 그 아이는 마음씨도 착하고 성격도 활발한데 글씨를 잘 못 읽어서 수업시간에 노트에 필기를 하지 못합니다. 글도 읽지 못해서 국어시간에 일어나서 책을 읽지도 못합니다. 오늘은 음악시간이었는데 악보의 가사를 읽지 못해서 멍하니 앉아만 있는 것입니다. 급기야 아이들이 '너 벙어리냐?'라며 놀리고 친구는 그만 눈물이 그렁그렁해졌습니다. 오늘 체육시간에는 짝을 지어 배구 연습을 했는데 아이들이 '글씨 못 읽는 애랑은 하기 싫어! 저리 가!'라며 그 친구를 따돌렸습니다. 그 친구가 안쓰럽기는 하지만 다른 아이들이 다 따돌리는 상황에서 저 혼자 그 친구에게 다가가면 다른 아이들이 '너 혼자 튀냐'라며 뭐라고 할 것 같습니다. 어떻게 해야 할까요?

# 지식인 답변

지식인 스티커

평민

고수

영웅

지존

초인

별신

태양신

## 내공 딱지

| | | | | | | | | | |
|---|---|---|---|---|---|---|---|---|---|
| 100 | 100 | 100 | 100 | 100 | 100 | 100 | 100 | 100 | 100 |
| 90 | 90 | 90 | 90 | 90 | 90 | 90 | 90 | 90 | 90 |
| 80 | 80 | 80 | 80 | 80 | 80 | 80 | 80 | 80 | 80 |
| 70 | 70 | 70 | 70 | 70 | 70 | 70 | 70 | 70 | 70 |
| 60 | 60 | 60 | 60 | 60 | 60 | 60 | 60 | 60 | 60 |
| 50 | 50 | 50 | 50 | 50 | 50 | 50 | 50 | 50 | 50 |
| 40 | 40 | 40 | 40 | 40 | 40 | 40 | 40 | 40 | 40 |
| 30 | 30 | 30 | 30 | 30 | 30 | 30 | 30 | 30 | 30 |
| 20 | 20 | 20 | 20 | 20 | 20 | 20 | 20 | 20 | 20 |
| 10 | 10 | 10 | 10 | 10 | 10 | 10 | 10 | 10 | 10 |

열두 번째 시간

# 오늘은 뭘 배웠나요?

이번 시간에는 어려움에 처해 있는 친구를 돕는 방법에 대해서 배웠습니다. 일주일 동안 주변에 또래들로부터 따돌림을 당하거나 또래들과 어울리지 못하여 힘들어하는 친구에게 어떤 방식으로 도움을 주었는지 적고, 도움을 주고 난 뒤 기분이 어땠는지 소감을 적어보도록 하세요.

| 번호 | 날짜 | 어떤 친구였나요? | 나는 어떻게 행동했나요? | 결과는 어땠나요? | 기분은 어땠나요? |
|------|------|------------------|------------------------|------------------|------------------|
| 1 | | | | | |
| 2 | | | | | |
| 3 | | | | | |

다음 시간에 자신이 경험한 것을 발표해봅시다.
과제를 적어 오고 발표를 하면 스티커를 2배로 줍니다. 파이팅~!!

종결 회기

# 이제 자신 있어요!

**목표**

- 프로그램을 통해 배운 내용을 활용하여 포스터를 만들어본다.
- 프로그램을 통해 자신의 변화된 점을 인식한다.
- 훈련에 참가함으로써 달라진 점과 서로에 대한 피드백을 나눈다.
- 과자 파티 및 선물 수여식을 진행한다.

**준비물**

- 활동지 : 수료증
- 활동지 : 학교 지킴이 자격증
- 4절지, 간단한 필기구 및 크레파스 등
- 간단한 다과와 선물

## 도입

① 지난 시간을 정리하고 숙제를 발표한다.

② 이번 회기를 소개한다.

"이제 마지막 시간입니다. 어때요? 마지막이니까 좋아요? 많이 아쉽고 더 하고 싶지요? 지금까지 우리는 여러 가지 많은 것을 배웠어요. 처음 여러분과 만났을 때에 비해 여러분 표정도 많이 밝아지고 부드러워졌다고 생각되는데 여러분은 어떤가요?"

## 1. 학교 폭력 캠페인 포스터 만들기

① 프로그램을 통해 습득한 지식을 바탕으로 학교 폭력 예방 및 재발 방지를 위한 캠페인 포스터를 만들어본다.

② 캠페인 포스터나 슬로건을 창의적으로 마음껏 만들어볼 수 있도록 한다.

③ 모둠별로 만든 작품들을 자유롭게 발표하도록 한 뒤 작품을 만들면서 느꼈던 점을 발표하도록 한다.

## 2. 변화된 점을 나누고 칭찬하기

① 본 프로그램에 참가하면서 달라진 점을 발표해본다. 훈련에 참가한 기간 동안 자신에게 달라진 점, 자신이 달라짐으로 인해 학교, 가정에서 달라진 점 등에 대해 발표하는 시간을 갖는다. 작은 변화라도 이야기할 수 있도록 지지한다. 다른 친구의 장점과 회기 동안 잘했던 점도 발견하고 칭찬해준다.

② 첫 회기에 보관해두었던 타임캡슐을 열어본다.

"자, 여러분들이 적어두었던 목표예요. 다들 자신의 목표를 이루었나요? (아동들의 대답을 듣는다) 목표를 이룬 친구들도 있겠지만 목표를 이루지 못한 친구들도 있을 거예요. 이 목표는 앞으로 계속 여러분이 달성해야 할 목표가 될 거예요. 여러분이 이 프로그램이 끝나고 나서도 계속 마음속에 새겨두고 노력해 나가길 바랍니다."

③ 열어본 뒤 현재의 자신의 모습을 돌아보면서 자신의 목표를 얼마나 이루었는지 스스로 평가해보도록 한다. 각자 개인별로 돌아가면서 타임캡슐에 적어두었던 목표를 발표하고 얼마나 목표를 이루었는지 스스로 평가하여 발표하고 소감을 발표해보도록 한다.

## 3. 시상식 및 수료증 수여

① 총 스티커 수를 종합한 뒤 각자 목표한 스티커 수에 도달한 아동에게 시상을 한다.

② 진행자가 각 학생의 특성에 맞게 상을 개발해, 참여 인원 모두에게 상(〈활동지 : 수료증〉)과 부상을 준비해두어 함께 시상한다. 이를테면 수료증을 '분위기 메이커상, 업그레이드상, 다정상' 등의 제목으로 대체하여 상장을 나누어줄 수 있다.

③ 이와 함께 모든 학생에게 〈활동지 : 학교 지킴이 자격증〉을 수여한다.

## 정리 및 평가

① 간식거리와 음료수를 간단히 준비하고 과자 파티를 하면서 자연스럽게 12주간의 프로그램을 성실하게 마친 것을 축하해주고 사진을 찍으며 친목의 시간을 갖는다.

② 음식을 먹으면서 집단 아동들 모두 서로에 대한 피드백과 칭찬을 적기 위해 '롤링 페이퍼'를 돌린다. 각 아동의 이름이 적혀 있는 편지지를 미리 준비하여 아동들에게 나누어주고 돌아가면서 각 아동들의 편지지에 서로 하고 싶은 말을 적도록 한다.

# 수료증

이름 _____

위 어린이는 20  년  월  일부터 20  년  월  일

까지 실시하는 학교 폭력 예방 및 치료 프로그램에 열심히 참

여하고 우수한 성적으로 마무리하였기에 수료증을 수여합니

다. 앞으로 잘 활용하여 가정에서나 학교에서 모범적인 학생

이 되길 바랍니다.

20  년      월      일

## 명심해요

1. 학교 폭력 상황을 보면 즉시 어른들게 알리고 도움을 청합니다.

2. 약한 사람을 돌보고 돕습니다.

3. 나 자신이 먼저 폭력을 사용하지 않습니다.

4. 우리 학교를 평화롭고 안전한 곳으로 만들기 위하여 실천합니다.

## 자랑스러운 학교 지킴이 자격증

자격증 번호 :

합격 년월일 :

이름 :

생년월일 :

주소 :

위 사람을 자랑스러운
학교 지킴이로 임명합니다.

학교 폭력 예방 및 치료 프로그램　　인